LES CARRÉS DEC 2

4e éd. 2020

Sabrina Sabbah et Fabrice Houvrard

RÉVISION LÉGALE ET CONTRACTUELLE DES COMPTES

Gualino une marque de Lextenso

Sabrina Sabbah est expert-comptable. Elle a organisé et animé des événements autour de la préparation au DEC (quiz déontologie notamment) de 2013 à 2015 au sein de l'ANECS (Association nationale des experts-comptables et commissaires aux comptes stagiaires). Elle est également contrôleuse adjointe du stage auprès du Conseil régional de l'Ordre des experts-comptables de Paris Ile-de-France et examinatrice du DEC.

Fabrice Heuvrard est expert-comptable et commissaire aux comptes et a fondé son cabinet ex nihilo en 2016. Il est également contrôleur adjoint du stage auprès du Conseil régional de l'Ordre des experts-comptables de Paris Ile-de-France et examinateur du DEC.

Dans la même collection :

- DEC 1 Réglementation professionnelle et déontologie de l'expert-comptable et du commissaire aux comptes, 8e éd. 2020 (G. Lejeune et J.-P. Emmerich).
- DEC 1 QRC et QCM corrigées – Règlementation professionnelle et déontologie de l'expert-comptable et du commissaire aux comptes, 5e éd. 2020 (S. Sabbah et K. Meghraoui).
- DEC 2 Révision légale et contractuelle des comptes, 4e éd. 2020 (S. Sabbah et F. Heuvrard).
- DEC 3 Le mémoire d'expertise comptable, 3e éd. 2020 (C. Degrilart et T. Mehani).

1, Parvis de La Défense
92044 Paris La Défense Cedex
ISBN 978 - 2 - 297 - 08938 - 8
ISSN 2269-2304

Préface

Notre diplôme est le début d'une aventure... Il est notre identité et notre socle commun. C'est le Graal très convoité qui ouvre les portes de la grande profession du chiffre.

Ce diplôme d'État fait notre force et parfois notre faiblesse. Nous bénéficions d'une reconnaissance au niveau national et international tant sur le plan public qu'à travers la confiance que nous accordent les entreprises. La contrepartie, c'est de dépendre d'une administration trop lente pour faire évoluer les programmes et les adapter aux réalités du terrain et aux pratiques professionnelles.

Notre profession, comme toute l'économie, évolue à grande vitesse. Ainsi, le diplôme, tel qu'il est conçu aujourd'hui, accuse un certain retard et ses insuffisances sont nombreuses. Dans les années qui viennent, la responsabilité de la profession sera de s'impliquer davantage dans l'évolution de sa formation initiale afin d'assurer un avenir prospère aux futurs diplômés.

Le changement le plus marquant, en cours, est sans doute le virage numérique. Cette révolution entraîne déjà l'automatisation d'une grande partie des tâches classiques de la comptabilité. Nos cabinets doivent se concentrer sur l'analyse et l'exploitation des données plutôt que sur leur production. Après les bouleversements dus à l'arrivée de l'informatique au siècle dernier, le numérique va profondément modifier l'organisation de nos cabinets aussi bien au niveau des services proposés que des profils de nos collaborateurs. Notre profession doit s'en réjouir, car c'est une réelle opportunité. Est-ce qu'un diplômé du DEC, après tant d'années d'études, est destiné à produire des données comptables ou à apporter de la valeur ajoutée pour soutenir la croissance de ses clients ? Nous allons enfin vendre davantage d'intelligence et moins de production.

Ainsi, la formation se trouve au cœur de la nouvelle stratégie de la profession du chiffre. Il est impératif de renforcer au plus vite la maîtrise du numérique. Dès les premières années du diplôme, les étudiants devront savoir analyser les données, gérer et rentabiliser les flux du big data... Pour celles et ceux qui sont déjà diplômé(e)s, la formation continue devra donner les outils nécessaires à la réussite de cette mutation. Les collaborateurs, et notamment ceux qui sont affectés à la production, auront à se former rapidement pour évoluer avec les nouvelles missions.

Pour obtenir le DEC, il n'y a aucun secret. Il faut travailler dur. Vous disposez, grâce à cet ouvrage richement documenté, d'une aide précieuse pour vous accompagner dans ce long défi. Mais n'oubliez jamais une chose, la formation ne s'arrête pas au diplôme. Si vous avez pour ambition de devenir un professionnel reconnu et performant, il faudra vous former tout au long de votre vie, mettre à jour vos acquis et augmenter vos compétences. Notre savoir est la seule garantie de pérennité dans notre profession. « *Il ne s'agit pas d'embrasser tout ce qu'il est possible de savoir, mais bien d'apprendre ce qu'il n'est pas permis d'ignorer* », Jules Ferry.

Julien Tokarz, Expert-comptable,
commissaire aux comptes et président du Conseil régional
de l'Ordre des experts-comptables Paris Île-de-France 2012-2014

Remerciements

Parmi les personnes et les organismes qui ont pu contribuer à cet ouvrage, nous tenons particulièrement à remercier Julien Tokarz, expert-comptable, commissaire aux comptes et président du Conseil régional de l'ordre des experts-comptables Paris Île-de-France 2012-2014, pour sa préface. Nous tenons également à remercier Swann Magrina pour sa relecture de l'ouvrage.

Présentation

« *Seuls ceux qui prennent le risque d'échouer spectaculairement réussiront brillamment* » disait J. F. Kennedy. Si vous lisez actuellement cet ouvrage, c'est probablement que vous prenez le risque de devenir un brillant expert-comptable et nous vous en félicitons.

Nous avons conçu ce livre comme une liste de conseils et d'outils pratiques, que nous aurions aimé avoir, quand nous-même présentions les épreuves. Ce livre s'articule autour des développements suivants :

- un rappel des modalités de l'épreuve, pour être sûr que vous ne passiez pas à côté d'un élément essentiel dans le cadre de votre préparation ;
- des conseils pour anticiper et préparer sereinement cette UE ;
- un approfondissement de la méthodologie, avec des cas pratiques issus des annales et commentés en détails par les auteurs de l'ouvrage. Les réponses, que nous vous proposons, n'engagent que leurs auteurs : l'idée est ici de vous proposer une méthode vous permettant d'identifier rapidement l'information nécessaire parmi la masse de documentation que vous apporterez le jour de l'épreuve ;
- des outils pratiques, comprenant notamment une synthèse des différentes durées de validité, des propositions de rétroplanning, une liste indicative de documentation à apporter le jour J et une check-list des autres éléments à ne pas oublier.

Bon courage pour la préparation de cette épreuve qui ne pourra que faire de vous un meilleur professionnel dans votre quotidien, quel que soit le mode d'exercice que vous choisirez.

Les auteurs, Sabrina Sabbah et Fabrice Heuvrard

Liste des abréviations

ANC	Autorité des normes comptables
ANECS	Association nationale des experts-comptables et commissaires aux comptes stagiaires
CAFCAC	Certificat d'aptitude aux fonctions de commissaire aux comptes
CFPC	Centre de formation de la profession comptable
CNCC	Compagnie nationale des commissaires aux comptes
CROEC	Conseil régional de l'Ordre des experts-comptables
DEC	Diplôme d'expertise comptable
DESCF	Diplôme supérieur d'études comptables et financières
DECS	Diplôme d'études comptables supérieures
DSCG	Diplôme supérieur de comptabilité et de gestion
IRF	Instituts régionaux de formation
NI	Notes d'information
SACC	Services autres que la certification des comptes
SIEC	Service interacadémique des examens et concours
UE	Unité d'enseignement

Sommaire

Fiche 1
LES CONDITIONS REQUISES POUR SE PRÉSENTER À L'EXAMEN FINAL

Guy de Maupassant disait : « Mieux vaut avoir plus que moins. » Essayons déjà d'avoir assez…

Avant toute chose, bien préparer la présentation de l'UE 2 du DEC nécessite de bien appréhender ses modalités pratiques :
- *savoir si, quand, et jusqu'à quand, il est possible de présenter l'épreuve ;*
- *connaître les textes de référence dont la lecture est un prérequis indispensable ;*
- *comprendre l'esprit de l'épreuve et particulièrement, ce que les examinateurs attendent des candidats.*

I Les conditions d'inscription au DEC

A Candidat non-titulaire du CAFCAC (Certificat d'aptitude aux fonctions de commissaire aux comptes)

Après avoir effectué le stage réglementaire d'une durée de 3 ans (réduit à 2 ans dans certains cas), votre CROEC (Conseil Régional de l'Ordre des Experts-Comptables) appréciera la manière dont vous vous êtes acquittés de vos obligations au cours de votre stage. À l'issue de cette délibération, le comité régional du stage peut soit :
- délivrer l'attestation nécessaire pour s'inscrire aux épreuves du diplôme d'expertise comptable ;
- prolonger le stage ;
- en cas de retard dans la production des rapports semestriels de stage, accorder un délai supplémentaire de six mois, renouvelable une fois, lorsqu'il s'agit du rapport semestriel portant sur le projet de plan et de notice ;
- invalider la totalité du stage.

Les candidats à l'examen du DEC disposent d'un délai de 6 ans après la date de délivrance de l'attestation de fin de stage pour obtenir le diplôme d'expertise comptable (décret n° 2012-432 du 30 mars 2012, art. 75). Au-delà de ce délai, l'attestation de fin de stage devient caduque.

Précision

Le règlement intérieur de l'Ordre des experts-comptables fixe les conditions pour lesquelles ce délai de six ans peut être prolongé pour une période de deux années supplémentaires. Nous y reviendrons ultérieurement dans cet ouvrage (cf. Chapitre 2, IV, B).

B Candidat titulaire du CAFCAC

Les candidats qui ont passé avec succès les épreuves du CAFCAC sont admis à s'inscrire aux épreuves du diplôme d'expertise comptable.

En effet, selon le Bulletin officiel n° 14 du 3 avril 2014 du ministère de l'Enseignement supérieur et de la Recherche, sont dispensés de l'obligation de présentation de l'attestation de fin de stage, les titulaires du certificat d'aptitude aux fonctions de commissaire aux comptes obtenu après le 1er juillet 2013.

Pour mémoire, les titulaires du certificat d'aptitude aux fonctions de commissaire aux comptes obtenu entre le 1er juillet 2005 et le 1er juillet 2013 disposaient d'un délai de quatre ans à compter du 1er juillet 2013 pour obtenir le diplôme d'expertise comptable, conformément aux dispositions du 3e alinéa de l'article 13 du décret n° 2013-192 du 5 mars 2013.

Toutefois, depuis la loi n° 2019-486 du 22 mai 2019 relative à la croissance et la transformation des entreprises, dite loi *PACTE* (Plan d'action pour la croissance et la transformation des entreprises), a été créé un article 83 *septies* à l'ordonnance de 1945 qui précise :

« *Les personnes titulaires de l'examen d'aptitude aux fonctions de commissaire aux comptes avant la date du 27 mars 2007, les personnes titulaires du certificat d'aptitude aux fonctions de commissaire aux comptes mentionné à l'article L. 822-1-1 du Code de commerce dans un délai de cinq ans à compter de la publication de la loi n° 2019-486 du 22 mai 2019 relative à la croissance et la transformation des entreprises, et les personnes ayant réussi l'épreuve d'aptitude avant la date du 27 mars 2007 ou l'examen d'aptitude mentionné à l'article L. 822-1-2 du Code de commerce au jour de la publication de la loi n° 2019-486 du 22 mai 2019 précitée peuvent demander leur inscription au tableau en qualité d'expert-comptable au conseil régional de l'ordre dans la circonscription duquel elles sont personnellement établies, si elles remplissent les conditions suivantes :*

1° Être inscrites sur la liste mentionnée au I de l'article L. 822-1 du Code de commerce ;

2° Remplir les conditions exigées aux 2°, 3° et 5° du II de l'article 3 de la présente ordonnance et satisfaire à leurs obligations fiscales.

Les candidats disposent d'un délai de cinq ans à compter de la promulgation de la loi n° 2019-486 du 22 mai 2019 précitée pour présenter leur demande »

Il est ainsi vivement recommandé aux titulaires du CAFCAC inscrits sur la liste des commissaires aux comptes de demander leur inscription au tableau de l'ordre des experts-comptables avant la date limite – soit le 22 mai 2024.

II Rappel des deadlines d'inscription

A Historique des dates des précédentes sessions

Les dates des sessions d'examen sont fixées par arrêté du ministre chargé de l'Enseignement supérieur, à l'article 60 du décret n° 2012-432 du 30 mars 2012.

Les dates limites d'inscription sont généralement chaque année plus ou moins les mêmes. Elles se situent normalement environ trois mois avant les épreuves.

Afin d'étayer nos propos, nous avons synthétisé les dates limites des quatre dernières et deux prochaines sessions dans le tableau ci-dessous :

Session	Clôture des inscriptions [cachet de la Poste faisant foi]
Session de novembre 2020	31 août 2020
Session de mai 2020	29 février 2020
Session de novembre 2019	31 août 2019
Session de mai 2019	28 février 2019
Session de novembre 2018	31 août 2018
Session de mai 2018	15 février 2018

B L'attestation provisoire

Les textes qui régissent le diplôme d'expertise comptable autorisent l'envoi d'une attestation provisoire de fin de stage si le stage est finalisé à la date de clôture des inscriptions – et que toutes les obligations inhérentes sont remplies – mais que l'attestation définitive n'a pu être obtenue.

Exemple pratique

Vous souhaitez composer pour les épreuves de mai N+1. Votre stage se terminant fin février N+1, le comité régional de stage ne pourra donner un avis sur la délivrance de l'attestation de fin de stage qu'en mars N+1, au plus tôt. Compte tenu des dates de clôture d'inscription (28 février), vous ne devriez donc pas pouvoir vous inscrire. Cependant, vous pouvez demander une attestation provisoire de fin de stage, demande à formuler directement auprès du service des stages.

Après validation de la recevabilité de votre demande et délivrance de l'attestation provisoire, vous aurez la possibilité de vous inscrire avant le 28 février N+1 (date de clôture des inscriptions généralement constatée pour la session de mai).

Précision importante

La délivrance de l'attestation provisoire ne vous exonère ni de la demande de l'attestation définitive de fin de stage, ni de son envoi au SIEC (Service Interacadémique des Examens et Concours).

En effet, la note du jury aux candidats précise :

« Toutefois, les candidats qui, bien qu'ayant terminé leur stage, ne disposent pas à la date de clôture des inscriptions de leur attestation de fin de stage peuvent néanmoins déposer une attestation provisoire et être autorisés à s'inscrire à condition de déposer leur attestation définitive avant le début des épreuves écrites de la session. Les candidats qui n'auront pas déposé leur attestation définitive à cette date ne pourront pas être autorisés à composer. »

III Note du jury aux candidats, dates des sessions et rapport du président du jury

La lecture de la note du jury aux candidats, des dates des sessions et du rapport du président du jury sont des prérequis indispensables. En effet, ils proposent une synthèse de la réglementation applicable.

Ces documents font l'objet d'une publication annuelle. En conséquence, soyez vigilant et veillez à consulter la dernière version ! Vous les trouverez aisément sur le site du SIEC :

https://siec.education.fr/mes-outils/docutheque-131.html

À savoir, pour la session de mai 2019 :

- ***Note du jury aux candidats***

  https://siec.education.fr/fileadmin/candidats/Candidats_DEComptable/DEC_-_Note_du_jury_aux_candidats_-_Version_au_04-07-2019.pdf

  URL raccourcie : *https://bit.ly/2BLqBdp*

- ***Dates des sessions 2019***

  https://siec.education.fr/fileadmin/candidats/Candidats_DEComptable/CALENDRIER_2019.pdf

  URL raccourcie : *https://bit.ly/2JrdBxY*

- ***Rapport du président du jury pour la session de mai 2019***

  https://siec.education.fr/fileadmin/candidats/Candidats_DEComptable/DEC_-_Rapport_du_jury_-_session_052019.pdf

  URL raccourcie : *https://bit.ly/2MNAltY*

A La note du jury aux candidats

La note du jury « *fixe les modalités de déroulement des épreuves du diplôme d'expertise comptable. Elle rappelle les objectifs de cet examen final et apporte des précisions sur la procédure de notation.* »

Si vous avez une question concernant les épreuves du DEC, c'est donc impérativement ce document qu'il faut consulter ! Il comporte notamment :

- un rappel des textes réglementant les épreuves ;
- un rappel des coefficients, durées et objectifs des épreuves ;
- une présentation détaillée de chaque épreuve (dont l'UE 2).

B Les dates des sessions

Ce document de synthèse vous permet d'avoir un certain nombre d'informations pratiques concernant l'inscription aux épreuves. Vous y trouverez notamment les dates de clôture des inscriptions, les dates des épreuves et celle des résultats : c'est donc une bonne source d'information pour anticiper ! Nous vous conseillons de mettre un rappel de ces dates sur votre agenda et/ou votre outil de messagerie personnelle et/ou professionnelle.

C Le rapport du président du jury sur la précédente session

Il vous permet de vous familiariser avec l'épreuve. Il contient notamment :

- des informations d'ordre statistique : taux de réussite au DEC, répartition des moyennes générales des diplômés, moyenne à chaque épreuve au cours des dernières sessions, etc. ;
- des remarques générales relatives à l'épreuve précédente ;
- des remarques spécifiques à chaque épreuve. Par exemple, si le jury constate une mauvaise gestion du temps (réponses trop longues et peu de questions traitées), ou toute autre tendance pénalisante pour les candidats.

Statistiquement, la moyenne obtenue à l'UE 2 est généralement égale à 9/20, et le taux de réussite est d'environ 40 %.

Certaines sessions sont statistiquement bien moins réussies que les autres : c'était le cas en mai 2012, en novembre 2014, en mai 2017 et en novembre 2018. Nous vous conseillons de vous entraîner justement sur ces sujets !

IV Rappel des thèmes couverts par l'examen et commentaires sur les thématiques généralement abordées

Les thématiques couvertes par l'examen sont nombreuses. Les problématiques étudiées dans le cadre des DCG et DSCG peuvent être abordées (bien que ce soit rarement le cas dans la pratique). Les sujets susceptibles d'être abordés sont généralement issus de thématiques :

- spécifiques à la réglementation du professionnel de l'expertise comptable ;
- spécifiques à la réglementation du commissaire aux comptes ;
- communes aux deux réglementations.

L'annexe au Bulletin officiel n° 25 du 20 juin 2019 propose le tableau récapitulatif ci-dessous :

Thèmes	Sens et portée de l'étude	Notions et contenus
Cadre général de la mission	Définir les différentes formes de missions Distinguer contrôle légal des comptes, révision contractuelle et analyse et diagnostic	– les différentes missions, leurs acteurs **et leurs objectifs** ; – **cadre conceptuel des interventions** ; – **les entités soumises à l'audit** ; – **les principes généraux applicables à la mission : maîtrise de la qualité et lutte contre le blanchiment et le financement du terrorisme** ; – les limites inhérentes à l'audit.
Contrôle interne	Définitions et principes du contrôle interne Les domaines d'application du contrôle interne	– cadre conceptuel du contrôle interne ; – objectifs du contrôle interne ; – **rôle du contrôle interne dans la démarche d'audit** ; – **modalités du contrôle interne**
La mission d'audit	Connaître et savoir appliquer les textes relatifs à la mission d'audit	– textes **légaux, réglementaires et professionnels relatifs à l'audit** ; – démarche d'audit : • acceptation, **nomination, lettre de mission, maintien de la mission cessation**, • **identification** et évaluation du risque d'anomalies significatives, • réponses à l'évaluation des risques **et collecte des éléments probants**, • **synthèse de la mission et formulation de l'opinion.**

Thèmes	Sens et portée de l'étude	Notions et contenus
Autres missions	Les professionnels comptables exercent, outre l'audit, de nombreuses missions couvertes par les référentiels normatif et déontologique	– **commissaires aux comptes** • **services autres que la certification des comptes (SACC),** • **autres missions légales et notamment commissariat aux apports, à la fusion, etc.,** • **procédure d'alerte,** • **révélation au procureur de la république ;** – **experts-comptables** : • autres missions avec assurance et missions sans assurance, • **missions extra-financières et notamment responsabilité sociétale de l'entreprise (RSE), mesure d'audience, etc.**
Audit et examen limité de certaines entités	Montrer l'adaptation de ces deux missions quand elles sont exercées au sein d'entités spécifiques	– **audit proportionné ;** – **particularités de l'audit dans les entités d'intérêt public (EIP) et les associations faisant appel à la générosité publique (AGP) ;** – **application de la démarche d'audit à des entités dotées d'une réglementation particulière.**
Missions dans un contexte international	**Savoir prendre en compte l'environnement international dans le déroulement des missions**	– **filiales françaises de groupes étrangers et sociétés françaises ayant des filiales à l'étranger ;** – **Sociétés ayant une activité internationale**.

Les nouveautés applicables à compter de la session de mai 2020 sont indiqués ci-avant **en gras**.
À ces thèmes s'ajoutent les matières au programme du DCG et DSCG.

V L'esprit de l'épreuve

L'épreuve de révision légale et contractuelle est une épreuve écrite d'une durée totale de 4h30, visant à vérifier la capacité de réflexion, ainsi que la capacité du candidat à justifier ses positions en tant que futur professionnel.

Cette épreuve est particulièrement redoutable car son esprit est fondamentalement différent des examens précédemment validés par les candidats.

Nous développerons ultérieurement la méthodologie pratique et pragmatique de la rédaction de la réponse attendue par les examinateurs.

Ainsi, au cours de l'épreuve, vous devez vous comporter comme un professionnel averti et pragmatique. En conséquence, il vous faut impérativement prendre connaissance des différentes annexes, qui permettent d'apporter un cadre d'application à votre réponse

Fiche 2

LA PRÉPARATION DE SON RÉTROPLANNING D'INSCRIPTION À L'UE 2 DU DEC

Saint-Pol-Roux disait : « L'art véritable est anticipateur. » Sans en devenir pour autant poète, nous pouvons essayer d'être dans les temps.

I Les budgets de temps et pécuniaire

Au cours de la phase de préparation de votre examen, nous avons souhaité évoquer la partie financière. En effet, nous constatons que la question du financement du DEC est généralement peu abordée par les candidats. Avouez que c'est paradoxal pour des professionnels des chiffres !

Nous avons souhaité vous sensibiliser à deux aspects budgétaires de la préparation du DEC :
- le budget « ***temps à consacrer*** » ;
- le budget « ***pécuniaire*** » *stricto sensu*.

A Le budget de temps

Nous avons la tristesse de vous annoncer qu'il est illusoire de penser que votre budget temps ne débordera pas sur votre temps de repos et de loisirs.

Le diplôme d'expertise comptable est un diplôme exigeant et qui se mérite au prix de multiples efforts. Rassurez-vous, nombreux parmi ceux qui vous ont précédé ont réussi !

Votre budget temps doit être suffisamment conséquent pour :
- préparer et maîtriser votre documentation ;
- vous entraîner et appréhender la méthodologie ;
- conserver une marge de manœuvre pour faire face aux aléas (fatigue, imprévus familiaux et professionnels).

Par expérience, nous constatons que les candidats sous-estiment le nombre d'heures car :
- ils se réfèrent à leur(s) expérience(s) vécue(s) lors de précédents diplômes. Cependant, pour la majorité des candidats, le dernier examen date de 4/5 ans. Cette période, bien qu'active, fait perdre les réflexes

acquis durant le cursus scolaire et la capacité de mémorisation. En outre, l'esprit de l'épreuve est très différent de celui des examens de niveau master : ***il est impossible de « bachoter »*** ;
- ils font preuve d'un excès d'optimisme (même après avoir côtoyé le célèbre « ***principe de prudence*** » au cours du stage) dans le temps réellement disponible pour une préparation sérieuse ;
- la période fiscale et/ou d'audit est en principe une période notable de surcharge de travail ; ainsi la session de mai risque de mettre à rude épreuve les révisions (aussi sérieuses soient-elles).

Les conseils des auteurs

Même si vous n'êtes pas certain à 100 % de pouvoir consacrer à la préparation de l'UE 2 le temps nécessaire, présentez l'épreuve le plus tôt possible. Dans le pire des cas, cela vous servira d'entraînement alors que dans le meilleur, vous pourriez obtenir l'épreuve !
En revanche, ne soyez pas candide, il est rare d'être diplômé par hasard !

B Le budget pécuniaire

Nous côtoyons quotidiennement des chiffres et des budgets. Cependant, avez-vous réalisé le vôtre ? La réponse est probablement non.

Votre budget doit comprendre :
- le coût de l'acquisition de la documentation (variable en fonction de la disponibilité et de la qualité de la documentation présente dans votre cabinet) ;
- les frais d'inscription (50 € par épreuve) ;
- les frais de suivi de formations et/ou de participation à des colloques.

Sachez donc qu'il peut varier, pour la seule épreuve 2, de cinquante à plusieurs milliers d'euros !

II L'attestation de fin de stage

A Sa durée de validité

L'attestation de stage est valable six ans (cf. décret n° 2012-432 du 30 mars 2012, art. 75).

Au terme des six ans, l'attestation de stage peut être prolongée de deux ans non renouvelables par le Conseil régional de l'Ordre des experts-comptables :
- pour cas de force majeure (nous le rappelons utilement : le congé maternité n'entre pas dans ce cadre) ;
- sur présentation d'un relevé de notes du DEC présentant au moins une note supérieure à 10/20.

Pour plus d'informations concernant la prorogation, nous vous invitons à consulter la revue SIC n° 350 d'avril 2016.

B Passé le délai imparti

En cas de dépassement de la date de validité de votre attestation de fin de stage, il vous faudra alors effectuer une nouvelle année de stage. À l'issue de cette année, une nouvelle attestation de stage pourra être délivrée. Elle sera valable six ans mais ne pourra pas être prorogée.

Dans tous les cas, n'hésitez pas à contacter votre Conseil régional de l'Ordre des experts-comptables : le service du stage est le plus à même de vous répondre en cas de doute !

III La durée de conservation des notes

Les notes supérieures à 10/20 peuvent être conservées pendant huit sessions consécutives (cf. arrêté du 3 avril 2014, art. 3), soit quatre années. La caducité éventuelle de l'attestation de fin de stage n'interrompt pas ce délai de huit sessions.

REMARQUE

Attention ! Ce report des notes supérieures à 10/20 n'est pas automatique, il faut expressément en faire la demande lors de l'inscription à la session suivante. Conformément aux dispositions de l'article 3 du décret du 28 mars 2014, la renonciation au report d'une note revêt un caractère définitif.

Si vous avez une note supérieure à 10/20, mais sans avoir obtenu le DEC, soyez donc particulièrement vigilant au moment d'envoyer votre dossier d'inscription !

En cas de circonstances exceptionnelles (cas de force majeur), il est possible de demander au SIEC une prolongation d'une session de la durée de conservation des notes.

IV L'inscription

A Pour tous les candidats

A minima trois mois avant le début des épreuves, vous devez envoyer votre dossier d'inscription. L'inscription à l'UE 2 du DEC implique un certain nombre de pièces à communiquer et ce même s'il s'agit d'une réinscription. Vous pouvez en trouver la liste dans le dossier d'inscription, disponible sur le site du SIEC.

Les éléments à envoyer sont, à la date de rédaction du présent ouvrage, les suivants :

- votre dossier d'inscription dûment complété. Vous pouvez le télécharger directement sur le site du SIEC : *https://siec.education.fr/examens/diplome-d-expertise-comptable-dec/inscription-dec-317.html* ;
- l'attestation provisoire (voir Chapitre 1, paragraphe 2 b) ou définitive de fin de stage ;
- les droits d'inscription au DEC (50 euros par épreuve, payable par chèque) ;
- la photocopie de la carte d'identité, du passeport ou du livret de famille ;
- la photocopie du diplôme, titre ou relevé de notes permettant l'inscription (DECS, DESCF, DSCG ou CAFCAC) ;
- une enveloppe autocollante 16 cm x 23 cm timbrée au tarif en vigueur (1,94 euro) et portant vos noms et adresses.

REMARQUE

Attention ! cette liste peut changer, vérifiez bien ces éléments sur le site du SIEC !

Le conseil des auteurs

Nous vous recommandons d'envoyer votre dossier d'inscription en lettre recommandée avec accusé de réception.

B Les pièces supplémentaires à fournir selon votre situation sont normalement les suivantes

1 Si vous avez terminé le stage d'expertise comptable

Une photocopie de l'attestation de fin de stage définitive. Si vous avez obtenu une prolongation de la validité de l'attestation de fin de stage par votre CROEC, vous devez également joindre l'avis de prolongation à votre dossier d'inscription.

2 Si vous êtes titulaire du certificat d'aptitude aux fonctions de commissaire aux comptes

Une photocopie du certificat d'aptitude [*remarque* : ne peuvent s'inscrire que les seuls candidats prétendant à la dénomination « ***certificat d'aptitude*** » (ordonnance du 8 septembre 2005)].

3 Si vous avez déjà présenté des épreuves de l'examen final

Une photocopie du dernier relevé de notes.

Les conseils des auteurs

Faites bien attention au report de notes dont vous pourriez éventuellement bénéficier (report des notes supérieures à 10/20 pendant huit sessions consécutives).
Si vous avez bénéficié d'une prorogation suite à la caducité de votre attestation de fin de stage initiale (à l'issue d'une période de six à huit ans), vous devez envoyer les deux attestations (initiale et de prorogation) avec votre dossier d'inscription.

C Pour les candidats en situation de handicap

Les candidats sollicitant un aménagement des conditions d'examen doivent adresser leur demande à l'un des médecins désignés par la Maison départementale des personnes handicapées (MDPH) de leur département de résidence. La MDPH transmettra au SIEC (Service interacadémique des examens et concours) le certificat médical précisant les aménagements d'épreuves nécessaires. Ils doivent, en outre, joindre au dossier d'inscription un courrier détaillant leur situation.

D Si vous ne possédez pas de pièce d'identité ou l'avez perdue

1 Votre carte d'identité n'est plus valable ?

Renseignez-vous le plus rapidement possible auprès des administrations compétentes, généralement la mairie de votre domicile ou le consulat. Pour la plupart des villes, un rendez-vous doit impérativement être pris au préalable sur Internet. En fonction des villes, les délais peuvent être longs (compter deux mois pour Paris). Si vous ne recevez pas votre nouvelle pièce d'identité à temps, vous devrez vous présenter à l'examen avec la déclaration de renouvellement de votre carte nationale d'identité ainsi que votre ancienne pièce d'identité périmée.

Pour mémoire, les pièces d'identité acceptables aux examens sont :

- la carte nationale d'identité (valable 15 ans) ;
- le passeport (valable 10 ans) ;
- le permis de conduire.

[Source : http://siec.education.fr]

2 En cas de perte ou de vol de votre carte d'identité juste avant les épreuves

Il faut impérativement établir une déclaration de vol ou de perte par le commissariat de police et la présenter le jour de l'examen.

Fiche 3
LE TEMPS IMPARTI : SAVOIR GÉRER SON TEMPS

« Placez votre main sur un poêle une minute et ça vous semble durer une heure. Asseyez-vous auprès d'une jolie fille une heure, et ça vous semble durer une minute. C'est ça la relativité. »
Albert Einstein

I La durée de l'épreuve et le nombre de dossiers à traiter

A La durée de l'épreuve

L'épreuve dure 4 h 30. Ce temps comprend la lecture de sujet, la rédaction de vos réponses et, bien évidemment, un temps de relecture absolument nécessaire.

En préambule de cette fiche, nous avons cité Einstein, bien que nous aurions aimé que ce moment soit agréable, vous pouvez nous croire sur parole, l'épreuve passera vite, très vite, trop vite !

B Le tableau comparatif historique du nombre de dossiers

Ci-après un tableau récapitulatif du nombre de dossiers, du barème et du nombre de pages, pour les seize dernières sessions :

Session	Nombre de dossiers	Ventilation du nombre de points par dossier	Nombre de pages du sujet
Novembre 2019	3	10/4/6	20
Mai 2019	3	7/6/7	19
Novembre 2018	2	10/10	23
Mai 2018	3	Non communiqué	18

Session	Nombre de dossiers	Ventilation du nombre de points par dossier	Nombre de pages du sujet
Novembre 2017	4	5/5/5/5	25
Mai 2017	3	10/6/4	20
Novembre 2016	3	7/8/5	21
Mai 2016	4	6/4/4/6	20
Novembre 2015	3	9/6/5	24
Mai 2015	3	7/7/6	22
Mai 2014	2	12/8	20
Novembre 2014	3	9/7/4	23
Mai 2013	4	5/5/3/7	16
Novembre 2013	2	10/10	12
Mai 2012	4	5/4/7/4	17
Novembre 2012	2	11/9	16
Moyenne	3		20

En moyenne, vous devrez donc vous plonger dans 3 dossiers et lire de façon approfondie 20 pages. Ce temps de lecture ne sera pas du temps de « *production* » susceptible de générer de manière directe une captation de points. Néanmoins, il est primordial de ne pas négliger cette prise de connaissance, essentielle à la compréhension du sujet et à la réussite de l'épreuve.

C La répartition du temps

Une bonne répartition de votre temps est primordiale afin de vous assurer le maximum de points. Vous le constaterez vite en préparant des annales, la gestion du temps est le nerf de la guerre (et la principale difficulté) de cette épreuve.

1 Faire un prorata en fonction du barème

Afin de maximiser l'acquisition des points et, *a fortiori*, réussir l'épreuve, il est nécessaire d'effectuer un rapide calcul afin de déterminer le temps à consacrer à chaque dossier. Normalement, le temps nécessaire au traitement de chaque dossier est proportionnel au nombre de points accordés.

Après avoir déterminé le temps à passer, il est impératif de vous y tenir, sous peine de ne pouvoir répondre à toutes les questions. En effet, si vous avez un jour la chance de lire les éléments indicatifs de corrigés et barème national, vous constaterez que la notation est faite de multiples quarts de points. Statistiquement, mieux vaut avoir répondu un peu à tout, plutôt que complètement et parfaitement à un seul dossier. Ne l'oubliez pas le jour J, car, au moment de la relecture ou s'il vous reste du temps, vous pourrez revenir en arrière sur les parties que vous avez laissées incomplètes.

2 Temps de relecture

Le temps de relecture est souvent négligé par les candidats au profit du temps de « production » des réponses *stricto sensu*. Selon nous, il s'agit d'une erreur stratégique !

En effet, au cours de la rédaction des réponses, vous ferez, malgré vous, de nombreuses fautes d'orthographe. Le respect des règles d'orthographe et de syntaxe est capital vis-à-vis de votre examinateur. Ayez à l'esprit l'essence même de l'épreuve : on attend de vous que vous agissiez comme un professionnel.

En outre, et c'est là également un des points majeurs, se relire permet de repérer les contresens et des coquilles que vous pourriez avoir laissé, avec pour conséquence majeure et déplaisante, une perte de points.

3 Temps à passer par dossier

Nous estimons qu'un temps de relecture de votre devoir de 20 minutes est suffisant. Ainsi, le temps « disponible » pour la rédaction est de 4 heures environ, soit 240 minutes. Il vous suffit donc de multiplier le nombre de points par dossier par 240 puis de diviser le résultat obtenu par 20 pour estimer le temps disponible en fonction du barème.

Ci-après, un tableau récapitulatif proposant une ventilation de temps imparti en fonction du nombre de points par dossier :

Session	Nombre de dossiers	Ventilation du nombre de points par dossier	Répartition du temps disponible en minutes
Novembre 2019	3	10/4/6	120/48/72
Mai 2019	3	7/6/7	84/72/84
Novembre 2018	2	10/10	120/120
Novembre 2017	4	5/5/5/5	60/60/60/60
Mai 2017	3	10/6/4	120/72/48
Novembre 2016	3	7/8/5	84/96/60
Mai 2016	4	6/4/4/6	72/48/48/72
Novembre 2015	3	9/6/5	108/72/60
Mai 2015	3	7/7/6	84/84/72
Mai 2014	2	12/8	144/96
Novembre 2014	3	9/7/4	108/84/48
Mai 2013	4	5/5/3/7	60/60/36/84
Novembre 2013	2	10/10	120/120
Novembre 2012	2	11/9	132/108
Mai 2012	4	5/4/7/4	60/48/84/48

On constate que le temps minimum à consacrer par dossier est de 36 minutes, et le temps maximum de 144 minutes. En moyenne, le temps à passer par dossier est de 82 minutes.

Le conseil des auteurs
Indiquez précisément le temps à passer directement sur l'énoncé et, surtout, respectez-le !

II Par quel dossier commencer ?

A L'analyse préliminaire des dossiers

Lors de la lecture des thématiques des différents dossiers, vous devriez pouvoir évaluer le degré de technicité et votre positionnement par rapport à celui-ci :

- êtes-vous familier avec le sujet ?
- avez-vous déjà rencontré une problématique similaire au cours de votre expérience professionnelle ?
- avez-vous déjà des éléments de réponse avant d'avoir lu toutes les annexes ou recherché dans la documentation ?
- savez-vous précisément dans quel ouvrage vous pourrez trouver des éléments de réponse ?

B Un choix cornélien : commencer par le moins accessible ou le plus facile ?

Il s'agit d'une question qui revient très souvent. Malheureusement, nous n'avons pas de réponse à apporter. En effet, l'attitude à avoir est, à notre avis, propre à chacun, en fonction de son expérience et de ses antécédents d'examen.

Si vous tombez sur une problématique que vous avez déjà rencontrée professionnellement, cela peut être quitte ou double : soit vous aurez envie de vous y étendre beaucoup trop, soit cela vous rassurera pour la suite de l'épreuve : un point d'acquis !

Ne vous fiez pas uniquement aux titres des dossiers. Le but de l'épreuve n'est, bien sûr, pas de vous piéger ; mais compte tenu du nombre significatif de pages annexées aux dossiers, vous ne devez pas considérer les titres des dossiers comme une synthèse thématique des sujets abordés.

Fiche 4

LE COEFFICIENT DES ÉPREUVES ET LA STRATÉGIE DE PRÉSENTATION DES ÉPREUVES AU DEC

Denis Waitley disait : « L'échec est un passage transitoire qui te prépare pour ton prochain succès. » Ne l'oubliez pas si vous hésitez à vous inscrire à une épreuve par peur de l'échec.

I Les coefficients des différentes épreuves du DEC

L'article 3 de l'arrêté du 28 mars 2014 paru au Bulletin officiel du ministère de l'Enseignement supérieur et de la Recherche n° 14 du 3 avril 2014 précise : « *Le diplôme d'expertise comptable est décerné aux candidats qui ont obtenu pour l'ensemble des trois épreuves une moyenne générale au moins égale à 10 sur 20 sans note éliminatoire. Est éliminatoire toute note inférieure à 6 sur 20 pour les épreuves n° 1 et n° 2 et, pour l'épreuve n° 3, toute note inférieure à 10 sur 20.* »

Les coefficients de chaque épreuve sont les suivants :

Épreuve	Forme	Coefficient	Durée	Note éliminatoire
Réglementation professionnelle et déontologie de l'expert-comptable et du commissaire aux comptes	Écrit	1	1 h	6/20
Révision légale et contractuelle des comptes	Écrit	3	4 h 30	6/20
Soutenance d'un mémoire	Écrit et oral	4	1 h	10/20

II L'obligation de présenter les UE 1 et 2 lors de la première présentation

La note du jury précise que « *le candidat qui souhaite passer son diplôme en deux fois, doit lors de la première inscription, s'inscrire à l'épreuve écrite n° 1 et à l'épreuve écrite n° 2* ». Souvent vécue comme une contrainte, nous vous conseillons de voir cela comme une opportunité : au pire, ce sera un excellent entraînement !

III La stratégie de présentation des épreuves et la compensation

A Les statistiques

La majorité des candidats sont diplômés après avoir composé pendant deux à trois sessions consécutives ou non. Stratégiquement, le taux de réussite à l'épreuve du mémoire, dont le coefficient est le plus important, est le plus élevé des trois épreuves (environ 75 %).

Dès lors, il convient de s'interroger sur l'opportunité de passer les trois épreuves simultanément afin de bénéficier de l'éventuelle compensation des notes. Nous avons baptisé cette stratégie : la « *stratégie des trois épreuves* ». Elle nécessite une anticipation quasi-militaire dans la préparation de l'examen, et notamment une parfaite coordination avec la demande d'agrément.

B Les exemples de compensation

Ci-après, les moyennes aux examens des précédentes sessions :

	UE 1 Réglementation professionnelle et déontologie de l'expert-comptable	UE 2 Révision contractuelle et légale des comptes	UE 3 Soutenance d'un mémoire
Mai 2019	10,62	8,87	10,62
Novembre 2018	Non communiquée	7,47	11,05
Mai 2018	11,46	9,85	11,08

	UE 1 Réglementation professionnelle et déontologie de l'expert-comptable	UE 2 Révision contractuelle et légale des comptes	UE 3 Soutenance d'un mémoire
Novembre 2017	11,10	8,62	10,81
Mai 2017	10,91	7,72	11,00
Novembre 2016	12,01	10,47	10,90
Mai 2016	11,28	8,10	10,77
Novembre 2015	Non communiquée	10,76	10,84
Mai 2015	10,02	9,21	10,90
Novembre 2014	11,76	7,15	10,73
Mai 2014	10,26	9,93	10,84
Novembre 2013	8,95	10,01	10,79
Mai 2013	12,62	10,14	10,56
Novembre 2012	16,64	9,20	10,62
Mai 2012	11,96	7,32	10,64
Novembre 2011	11,79	8,01	10,31
Mai 2011	13,05	8,94	10,73

Comme vous pouvez le constater, les moyennes des notes obtenues à l'UE 2 sont rarement supérieures à la moyenne.

Pour illustrer nos propos, imaginons un candidat qui ait toujours la note moyenne à chaque épreuve de plusieurs sessions. S'il présente toutes les UE au cours de la même session, comme le montre le tableau ci-dessous, ce candidat serait admissible à 6 sessions sur 9.

	UE 1 Coef. 1	UE 2 Coef. 3	UE 3 Coef. 4	Moyenne	Décision
Mai 2015	10,02	9,21	10,90	10,16	Admis
Novembre 2014	11,76	7,15	10,73	9,52	Ajourné – possibilité de conserver 2 notes : UE 1 et UE 3
Mai 2014	10,26	9,93	10,84	10,43	Admis
Novembre 2013	8,95	10,01	10,79	10,27	Admis
Mai 2013	12,62	10,14	10,56	10,66	Admis
Novembre 2012	16,64	9,20	10,62	10,84	Admis

	UE 1 Coef. 1	UE 2 Coef. 3	UE 3 Coef. 4	Moyenne	Décision
Mai 2012	11,96	7,32	10,64	9,56	Ajourné – possibilité de conserver 2 notes : UE 1 et UE 3
Novembre 2011	11,79	8,01	10,31	9,63	Ajourné – possibilité de conserver 2 notes : UE 1 et UE 3
Mai 2011	13,05	8,94	10,73	10,35	Admis

Prenons maintenant le même candidat, qui déciderait de soutenir son mémoire une session après avoir passé ses écrits. Il ne pourrait pas bénéficier de la compensation de ses notes. Ainsi, en novembre 2011, il aurait 11,79 à l'UE 1 mais 8,01 à l'UE 2. Il ne pourrait donc conserver que le bénéfice de sa note à l'UE 1. On aurait ainsi :

	UE 1	UE 2	UE 3	Moyenne	Décision
Novembre 2011	11,79	8,01	Non présenté		Ajourné
Mai 2012	Report 11,79	8,94	10,73	10,19	Admis

	UE 1	UE 2	UE 3	Moyenne	Décision
Mai 2011	13,05	8,94	Non présenté		Ajourné
Novembre 2011	Report 13,05	7,32	10,64	9,70	Ajourné
Mai 2012	Report 13,05	9,20	Report 10,64	10,40	Admis

	UE 1	UE 2	UE 3	Moyenne	Décision
Mai 2012	11,96	7,32	Non présenté		Ajourné
Novembre 2012	Report 11,96	9,20	10,62	10,26	Admis

	UE 1	UE 2	UE 3	Moyenne	Décision
Novembre 2012	16,64	9,20	Non présenté		Ajourné
Mai 2013	Report 16,64	10,14	10,56	11,16	Admis

	UE 1	UE 2	UE 3	Moyenne	Décision
Mai 2013	12,62	10,14	Non présenté		Ajourné
Novembre 2013	Report 12,62	Report 10,14	10,79	10,78	Admis

	UE 1	UE 2	UE 3	Moyenne	Décision
Novembre 2013	8,95	10,01	Non présenté		Ajourné
Mai 2014	10,26	Report 10,01	10,84	10,46	Admis

	UE 1	UE 2	UE 3	Moyenne	Décision
Mai 2014	10,26	9,93	Non présenté		Ajourné
Novembre 2014	Report 10,26	7,15	10,73	9,33	Ajourné
Mai 2015	Report 10,26	9,21	Report 10,73	10,10	Admis

	UE 1	UE 2	UE 3	Moyenne	Décision
Novembre 2014	11,76	7,15	Non présenté	–	Ajourné
Mai 2015	Report 11,76	9,21	10,90	10,15	Admis

À travers ces exemples, on constate que :

– dans tous les cas, le candidat est obligé de présenter au moins deux fois une UE ;
– dans deux cas (25 %), le candidat est admis au bout de la troisième session, ce qui implique trois présentations d'une des deux épreuves écrites.

C La compensation des notes : conclusion

Les exemples ci-avant sont assez éloquents : présenter les trois UE à la même session permet de bénéficier de la compensation des notes, et donc d'être diplômé plus rapidement.

Cette stratégie nécessite toutefois une organisation rigoureuse, puisque cela implique d'avoir finalisé son mémoire dans les délais, et donc d'avoir normalement commencé à le rédiger au cours de la deuxième année de stage.

Il y a deux écoles :

– ceux qui tiennent absolument à tout présenter la même année ;
– ceux qui préfèrent décaler la soutenance d'une session ou plus pour être plus serein.

L'avis des auteurs

Si vous avez une occasion de présenter les écrits, faites-le ! Que votre mémoire soit finalisé ou non. En cas d'échec, cela s'avérera un excellent entraînement.
Présenter les trois UE à la même session est idéal, mais malheureusement pas toujours possible lorsque l'on travaille en cabinet avec des horaires « compliqués » !

Fiche 5
S'ENTRAÎNER SUR LES ANNALES

« Rien ne sert de courir, il faut partir à point », La Fontaine.

I Pourquoi et comment travailler ?

A Bannissez le bachotage

Vous le réaliserez bien assez vite à la lecture des sujets d'annales, cette épreuve ne mobilisera ni votre mémoire ni votre capacité à être studieux. Elle est là pour juger de vos qualités professionnelles et notamment évaluer votre esprit critique.

Contrairement à l'UE 1, pour laquelle il faut réviser au sens premier du terme, ici, vous devez vous entraîner, préparer l'épreuve, mais en aucun cas apprendre par cœur. Rien ne sert donc de « *bachoter* » le dernier week-end avant l'épreuve !

B Les annales

Vous vous interrogez probablement : « *S'il n'y a rien à apprendre, comment s'entraîner ?* » En utilisant des annales, tout simplement ! Cela vous permettra de sélectionner la documentation utile, d'identifier vos éventuelles lacunes, d'apprendre à gérer votre temps et d'adapter la longueur de vos réponses en conséquence.

1 Ne pas s'exercer sur des annales trop anciennes

Le risque de travailler sur des annales trop anciennes est d'être découragé par la réponse présentée dans le corrigé indicatif qui sera probablement erronée car non actualisée. En cas de doute sur un corrigé, n'hésitez pas à échanger avec vos collègues ou sur les forums qui regroupent des personnes qui préparent le DEC !

2 Se mettre en condition d'examen

Si vous faites des annales sans respecter les « *conditions d'examen* », alors votre travail de révision risque d'être sans réelle valeur ajoutée. Afin de maximiser vos automatismes, de mettre à profit le potentiel de votre documentation et d'adapter la longueur de vos réponses au temps imparti, vous devez respecter les délais de l'examen lors de vos entraînements.

L'anecdote des auteurs

La première fois que j'ai fait un sujet d'annales, j'étais assez fière de moi. Un sans-faute, très détaillé, avec toutes les références nécessaires. Seulement, j'avais mis 4 heures pour répondre aux questions d'un seul dossier. Vous voyez le problème ?

C Privilégier les problématiques et thématiques non maîtrisées ?

Il s'agit d'un choix cornélien. Le jour de l'examen, nous l'avons déjà évoqué, il y a deux « écoles » :

- ceux qui préfèrent commencer par les questions qu'ils maîtrisent le moins, par peur de trop s'étendre. En effet, on peut craindre de perdre du temps sur une problématique à laquelle il semble plus aisé de répondre, justement parce que l'on a envie de trop en dire ;
- ceux qui préfèrent commencer par ce qu'ils maîtrisent afin de se rassurer et d'être certains de valider quelques points. Il est, en effet, toujours satisfaisant le jour d'un examen de savoir que l'on a acquis quelques points rapidement.

Pour le jour de l'épreuve, nous n'avons pas de conseil à vous donner. Vous vous connaissez assez pour savoir quel profil vous ressemble le plus. En revanche, pour les révisions, dans un premier temps, nous vous conseillons de travailler vos points forts et de les mettre en pratique en conditions réelles, puis de travailler sur les problématiques et/ou thématiques que vous ne traitez pas ou peu dans le cadre de votre activité professionnelle.

D Le travail en groupe

L'Homme est un animal grégaire. Le travail en groupe peut être salvateur dans de nombreux cas. Ses apports sont nombreux et peuvent, en outre, contribuer à élargir votre réseau professionnel. Par ailleurs, vous pourrez bénéficier de l'expérience d'autres candidats et bénéficier d'une aide, ô combien précieuse, sur des domaines dans lesquels vous n'avez pas l'habitude de travailler : audit légal par exemple…

Le conseils des auteurs
Nous vous conseillons de travailler avec des personnes qui ont les mêmes motivations et le même degré d'investissement que vous dans la préparation des épreuves. Cela permettra de créer une véritable dynamique de groupe !

E La source, le prix et la qualité

Ci-après un tableau récapitulant les sources d'accès aux annales. Cette liste est, afin de rester impartiale, volontairement classée par ordre alphabétique :

Source	Prix	Auteur(s)	Liens	Commentaire
ANECS	28 € pour les adhérents 40 € pour les non-adhérents	Membres du jury du DEC	*http://anecs.anecs-cjec.org/L-ANECS/Nos-publications/Annales-et-recueils/Annales-des-sujets-ecrits-epreuve-n-2-du-DEC*	Les propositions de corrigés sont très largement inspirées des corrigés officiels
Compta Online	Gratuit	Thierry Molle Ancien premier correcteur de France des examens de l'expertise comptable	*https://www.compta-online.com/les-sujets-et-corriges-du-dec-ao2974*	Corrigés comprenant volontairement des digressions non demandées le jour de l'examen.

II Quand commencer ?

Nous vous recommandons de commencer à vous entraîner sur des annales de manière hebdomadaire, au moins six à huit semaines avant le début des épreuves.

Ces entraînements devraient vous permettre d'apprendre à utiliser et à appréhender la richesse de votre documentation.

Fiche 6

LES PRINCIPALES FORMATIONS SPÉCIALISÉES ET LEURS OUTILS

Nicolas Boileau disait : « Ce que l'on conçoit bien s'énonce clairement, les mots pour le dire arrivent aisément. » Si vous ne concevez pas bien le principe de l'épreuve, d'autres l'ont très bien compris et peuvent vous aider.

I Les formations payantes

Il existe un certain nombre de formations payantes. Pour des raisons assez évidentes d'impartialité, elles ne seront pas évaluées dans cet ouvrage. Toutefois, vous trouverez ci-après quelques pistes à la fois financières et factuelles.

Nous avons également cité deux écoles qui effectuent des préparations à l'UE 2 en séances dites « *présentielles* » à Paris.

A Les instituts régionaux de formation (IRF)

Il y a 25 IRF en France et vous en connaissez forcément au moins un, puisque c'est au sein d'un ou plusieurs de ces IRF que vous avez suivi les formations en présentiel de votre stage. À titre d'exemple, l'IRF de l'Île-de-France est l'Asforef, celui de la Picardie, le Crefora, etc.

Les programmes des formations dépendent des IRF, nous ne pourrons donc pas vous en donner une liste exhaustive. Sachez toutefois que :

- les formations dispensées par les IRF sont forcément de qualité puisqu'il s'agit des organismes de formation des conseils régionaux de l'Ordre des experts-comptables ;
- il s'agit toujours de préparations méthodologiques qui ne vous dispensent bien évidemment pas de vous entraîner par ailleurs ;
- pour une même formation, il y a souvent plusieurs animateurs, chacun ayant un ou plusieurs domaine(s) de prédilection ;

- des supports de formation actualisés vous seront bien évidemment fournis;
- certaines de ces formations peuvent bénéficier de financements par le CPF. N'hésitez pas à vous renseigner!

L'anecdote des auteurs

En sortant de la première journée de formation dispensée par l'Asforef, nous sommes nombreux à nous être croisés dans une grande surface, en train de chercher le Code de commerce dans les rayons. La formation permet de se rappeler de nombreux points d'actualité, mais surtout, donne un gros coup de boost!

B L'ENOES

L'ENOES est un établissement privé parisien d'enseignement supérieur qui dispense notamment des formations de comptabilité. Il propose ainsi des préparations au DCG, DSCG, DEC, licence professionnelle métiers de la comptabilité et de la gestion, CAFCAC, CPFCAC et à la validation des acquis par l'expérience pour le DCG et le DSCG.

Dans le cadre de la préparation au DEC, l'ENOES propose une formation à l'UE 2, qui vous coûtera entre 651 euros (pour les membres de l'ANECS et certains cabinets) et 795 euros (en cas de financement par un OPCA). Cette préparation comprend trois jours de formation avec une présentation de la méthodologie spécifique de l'épreuve et la remise d'une documentation.

Contact

62, rue Miromesnil, 75008 Paris

Tél. : 01.45.62.80.59

Site internet: http://www.enoes.com

E-mail: contact@enoes.com

Twitter: @ENOES_Compta

C L'INES

L'INES (Institut d'études supérieures) est une école parisienne de préparation aux examens comptables DCG, DSCG et DEC. Elle propose des préparations aux épreuves de quatre jours répartis sur près de deux mois, soit les samedis, soit les jeudis, vendredis et samedis.

Le prix de la formation s'élève à 780 euros.

Contact

34, boulevard Haussmann, 75009 Paris

Tél. : 01.42.46.24.64

Site internet : http://www.ines-expertise.fr

E-mail : contact@ines-expertise.fr

Twitter : @inesexpertisefr

D Les autres organismes

Bien évidemment, pour des questions matérielles, nous ne pouvons pas citer dans cet ouvrage tous les organismes de préparation au DEC. N'hésitez pas à regarder sur Internet, à demander conseil à votre entourage professionnel ou sur des forums. Faites fonctionner votre réseau ! Une bonne formation est une formation qui vous convient, et le retour de ceux l'ayant déjà suivi peut vous être d'une grande aide.

II Les groupes de préparation (ANECS DEC possible)

L'Association nationale des experts-comptables et commissaires aux comptes stagiaires (ANECS) propose, en régions, des réunions de préparation aux examens. Les formules diffèrent régulièrement selon les régions et ne sont malheureusement pas encore proposées dans toutes, mais vous pouvez y trouver :

- des retours d'expérience des « anciens », à savoir de personnes ayant déjà passé avec succès les épreuves. L'idée est de vous présenter l'épreuve, mais également de vous donner des conseils ;
- des groupes de préparation aux épreuves. Il s'agit de vous réunir avec des mémorialistes, présentant également la prochaine épreuve, six à huit semaines avant celle-ci, et ce, de manière au moins hebdomadaire. Les groupes sont choisis par zone géographique et par affinité. Cela vous permet à la fois de vous entraîner de manière conviviale sur des sujets d'annales et d'échanger avec des personnes dans la même situation que vous ;
- des « DEC blancs » réalisés en salle de cours, dans les conditions de l'examen, avec pour base un sujet d'annale.

Ces réunions sont généralement gratuites pour les adhérents ANECS et payantes pour les non-adhérents. L'adhésion à l'ANECS est à 75 euros (35 euros pour les étudiants et demandeurs d'emploi, sur présentation de justificatifs). Le prix de chaque réunion d'informations peut être très variable, mais il est régulièrement de l'ordre de 25 euros. Si vous souhaitez y participer, à vous de faire vos calculs !

L'anecdote des auteurs

Le fait de participer au DEC Possible permet de créer un réseau, qu'il soit amical ou professionnel. Mais surtout, le samedi matin, quand nous avions un peu de mal à nous motiver pour attaquer un sujet d'annales, c'était incitatif de se rappeler que « mince, j'avais promis d'apporter le jus d'orange et/ou les croissants ». Résultat, pendant six semaines, nous nous sommes réunies pour préparer ensemble les épreuves, échanger sur les corrections « Ah, tu as trouvé cette information où, toi ? » Finalement, nous avons toutes (oui, c'était un groupe féminin) validé notre UE et gagné, en prime, une poignée d'amies !

A Le forum Compta Online

Quelques chiffres pour prendre la mesure du site : depuis 2003, plus de 125 millions de pages vues, une communauté de plus de 250 000 membres, plus de 230 000 messages, 6 300 articles, etc.

Ce forum rassemble la majeure partie des stagiaires experts-comptables et mémorialistes. Il s'agit d'une base de connaissances et de retours d'expérience significative sur les examens. En outre, le contenu est gratuit.

L'anecdote des auteurs

Mon histoire est étroitement liée au site. Ce dernier m'ayant beaucoup apporté, j'ai contribué à mon tour et dans la mesure de mes compétences dans des domaines variés, qui couvrent nos problématiques quotidiennes, mais également les problématiques inhérentes au stage.

Si vous avez une question, il y a de forte de chance qu'un membre de la communauté *Compta Online* l'ait posée avant vous. N'hésitez pas à consulter les rubriques DEC, et nous vous croiserons probablement virtuellement sur le site lors des résultats !

B L'*e-learning*

Étape obligatoire et incontournable pendant le stage, les différents modules qui composent le *e-learning* sont une source intéressante qui pourra vous être utile pendant votre préparation.

Pourquoi ?

Parce que c'est une source d'informations, notamment sur la déontologie et les examens. En plus, elle est gratuite et accessible partout.

Comment ?

Simplement en vous connectant depuis la plateforme du CFPC (Centre de formation de la profession comptable). Il est conseillé d'éditer les questionnaires et les réponses afférentes afin de se constituer une base de connaissances.

L'anecdote des auteurs

Revoir les *e-learning* peut permettre de se remémorer le cadre réglementaire et déontologique qui encadre les missions. Cela peut être une bonne piqûre de rappel !

Fiche 7

PRÉPARER SA DOCUMENTATION

Louis Pasteur a dit: « La chance ne sourit qu'aux esprits bien préparés. »

I Quelques conseils pour choisir sa documentation

A Je connais ma documentation !

Au premier abord, nombre de candidats dévalisent la bibliothèque de leur cabinet sans avoir lu le sommaire de chaque document apporté. La faute aux nouvelles versions de documentations accessibles directement depuis Internet ? La conséquence est que le candidat perd l'habitude de structurer ses recherches et perd un temps précieux pendant l'examen.

Afin de connaître au mieux votre documentation, nous vous conseillons de vous entraîner à l'utiliser. Et pour cela, quoi de mieux que de devenir un des référents techniques de votre cabinet ? Ce rôle vous permettra de décharger les autres collaborateurs de leurs recherches, et vous permettra d'acquérir des automatismes de recherche sur ouvrages « papiers ».

S'entraîner, que ce soit en conditions réelles au cabinet ou en faisant des cas pratiques, vous permettra en plus de sélectionner la documentation à emmener. L'idée est simple: si vous n'avez jamais utilisé un ouvrage, que vous ne l'avez jamais ouvert, ne l'emmenez pas le jour J. Par contre, si vous savez quel type d'informations y trouver, et qu'il vous a déjà été utile pour résoudre des problématiques, que ce soit au cabinet ou en préparant des annales, c'est bon signe ! N'oubliez pas non plus que toute votre documentation doit être à jour. En cas de doute, mieux vaut vous abstenir !

Les anecdotes des auteurs

Le jour de l'examen, je n'ai pas emmené le Francis Lefebvre Audit. Pourtant, tout le monde vous conseillera de le prendre. Mais mon cabinet ne l'avait pas acheté, je ne m'en étais jamais servi. Par contre, j'utilisais régulièrement les NI, j'avais balisé mon Code de commerce de marque-pages colorés… et je n'ai eu aucun problème le jour J, bien au contraire. Connaître ma documentation m'a permis de gagner du temps, et d'économiser aussi un peu de stress.

Lors de mon premier passage de l'UE 2, je n'avais pas pris soin d'apporter un Code de commerce à jour. Mal m'en a pris… Pourquoi ? Les textes sur l'EIRL (thème d'un des dossiers) étaient absents de la documentation que j'avais apportée.

B Je sais ce que je peux trouver même si je n'ai pas tout lu !

Que ce soit au cours de votre préparation à l'UE 2, ou bien au cours de votre carrière, vous n'aurez pas le temps de lire avec concentration toute la documentation existante.

Souvenez-vous qu'un un bon professionnel n'est pas quelqu'un qui a lu toute la documentation dans son intégralité, mais quelqu'un qui sait où trouver l'information qu'il recherche.

Le jour de l'épreuve, il vous sera demandé de vous comporter en professionnel et donc de savoir trouver telle ou telle information dans votre documentation.

A minima, il faut savoir où se trouvent le sommaire synthétique et l'index des mots-clés.

L'anecdote des auteurs

Un formateur nous a dit une fois « N'ouvrez pas le blister du Code de commerce le jour de l'épreuve, cela ne sert à rien ! » et c'est totalement vrai. Parce que si vous le faites, vous ne vous y retrouverez jamais. D'une manière générale, localiser la table des matières des ouvrages et comprendre comment il s'organise ou se créer des repères est un prérequis indispensable.

C Je peux utiliser mes propres fiches

Attention aux fiches que vous emportez ! Si vous les prenez avec vous pour l'épreuve, c'est qu'elles sont nécessairement :

- actuelles : attention aux fiches trop anciennes (plus de six mois !). Vous devez impérativement avoir vérifié que vos sources sont toujours d'actualité ;
- maîtrisées : vous les avez rédigées ou les avez contrôlées ;
- synthétiques : elles doivent citer les sources, pas les paraphraser. Il est d'ailleurs vivement conseillé de commencer ses fiches par un en-tête de synthèse, mettant en évidence les sources.

Vous trouverez ci-dessous un exemple de fiche synthétique :

Formation du CAC et de ses collaborateurs

Sources :

C. com., art. R. 822-22 et A. 822-28-1 à A. 822-28-19 : obligation de formation du CAC et conditions de cette formation.

C. com., art. L. 822-4 : obligation de formation particulière en cas d'absence de mandat pendant 3 ans.

Communiqué de la CNCC

En bref :

Les CAC ont une obligation de formation de 120 heures sur 3 ans, dont au moins 20 heures par an. Validation de ces heures possible par :

- participation à des séminaires de formation, programmes d'auto-formation encadrée, programmes à distance, sous conditions :
  - organismes de formation ou établissement d'enseignement supérieur,
  - un support doit être remis à chaque participant ;
- assistance à des colloques ou conférences (max. : 40 heures au cours de trois années consécutives), sous conditions :
  - durée d'au moins 1 h 30,
  - plus de 20 participants ;
- documentation écrite remise ;
- attestation de présence remise, signée par le représentant légal de l'organisateur ou son délégataire ;
- conception ou animation (cadre professionnel ou universitaire) de formations, colloques, conférences, enseignements (max. : 40 h au cours de trois années consécutives). Chaque intervention reproduite n'est comptabilisée qu'une fois par an, le temps de conception = le temps de l'action correspondante ;
- rédaction et publication de travaux à caractère technique (max. : 30 h au cours de trois années consécutives) pris en compte l'année du dépôt légal. L'équivalence est fixée à 3 heures de formation pour 10 000 signes rédigés et à 1 heure dans le cadre d'une mise à jour ;
- participation à des travaux à caractère technique (président, vice-président ou rapporteur de commissions, groupes de travail de la CNCC ou de l'ANC…) (max. : 32 h au cours de trois années consécutives) ;
- formation spécifique pour les CAC qui n'ont pas exercé de mandat au cours des trois dernières années.

Les CAC doivent rendre compte du respect de cette obligation de formation à la CRCC dont ils sont membres.

Concernant les collaborateurs, il n'existe pas de nombre d'heures de formation obligatoire. Toutefois, en application du Code de déontologie, il est indispensable que les collaborateurs soient formés régulièrement (notions de compétence et de qualité).

II Savoir annoter et baliser sa documentation

A L'impression 4/1

Lorsque vous imprimerez des documents (NI, NEP, etc.) pensez à les imprimer en recto-verso, avec l'option (si disponible) deux pages par feuille. Cela vous permettra d'avoir quatre pages sur une même feuille. Les données resteront lisibles mais :

- vous aurez fait un geste écologique pour la planète ;
- et, surtout, cela prendra beaucoup moins de place dans votre valise !

B La création d'un sommaire

L'une des clefs pour réussir l'UE 2 est de savoir trouver rapidement l'information. Parole de diplômés, un sommaire peut vous sauver d'un échec et d'un deuxième passage (ô combien désagréable).

Il vous permet de visualiser en une page ce que vous avez et donc où trouver l'information.

Cela est en particulier indispensable pour les Notes d'information de la Compagnie nationale des commissaires aux comptes (NI de la CNCC) :

NI I	Le rapport du commissaire aux comptes sur les comptes annuels et consolidés
NI II	Le commissaire aux comptes et les évènements postérieurs à la clôture
NI III	Le commissaire aux comptes et l'alerte
NI IV	Le commissaire aux comptes et les déclarations de la direction
NI V	Tome 1 : Réduction de capital Tome 2 : Libération d'une augmentation du capital par compensation avec des créances Tome 3 : Augmentation du capital par émission d'actions ordinaires avec suppression du droit préférentiel de souscription Tome 4 : Régime d'accès au capital en faveur des salariés Tome 5 : Émission d'actions de préférence Tome 6 : Émissions de valeurs mobilières
NI VI	Les commissaires aux comptes et la transformation des sociétés
NI VII	Le commissaire aux comptes et les demandes de confirmation des tiers
NI VIII	Le commissaire aux comptes et les procédures analytiques
NI IX	Le rapport spécial du commissaire aux comptes sur les conventions et engagements réglementés
NI X	Le commissaire aux comptes et le premier exercice d'un nouveau mandat

NI XI	Le commissaire aux comptes et l'audit des comptes consolidés
NI XII	Le commissaire aux comptes et les opérations relatives aux dividendes
NI XIII	Le commissaire aux comptes et le premier exercice d'un nouveau mandat
NI XIV	Le commissaire aux comptes et la prévention ou le traitement des difficultés des entreprises
NI XV	Le commissaire aux comptes et l'approche d'audit par les risques
NI XVII	Les interventions du commissaire aux comptes relatives au prospectus
NI XVIII	Vérifications spécifiques – Le commissaire aux comptes et les travaux relatifs au rapport de gestion et aux autres documents adressés aux membres de l'organe appelé à statuer sur les comptes
NI XIX	Le commissaire aux comptes et l'audit d'une entité ayant recours aux services d'un centre de services partagés au sein d'un groupe

À notre avis, rédiger ce type de sommaire a deux avantages :

– cela permet de lister ce que l'on a, et donc de vérifier que l'on n'a rien oublié pour le jour J ;
– cela permet de vérifier que l'on a bien les dernières versions des documents (par exemple, pour la NI I, la deuxième version de novembre 2017).

C'est également utile si vous souhaitez emporter des fiches personnelles ou des documents que vous auriez pu recevoir lors d'une formation (par exemple, certains aiment bien avoir avec eux les « cas Asforef »). Il est alors nécessaire de prévoir un sommaire simple par thématique du type :

1. Déclarations de la direction
2. Rapport du CAC sur les comptes annuels
3. Rapport spécial
4. Autres expressions d'opinion
5. Commissariat aux apports
6. Commissariat à la fusion
7. Audit de comptes consolidés
8. Le CAC et l'alerte

Afin de retrouver facilement l'information, nous vous recommandons d'utiliser des classeurs personnalisables, comprenant sur leur couverture une pochette A4 transparente. Cela vous permettra d'y glisser votre sommaire et de voir en un coup d'œil le contenu du classeur.

C La création d'un répertoire

Nous ne le conseillons pas forcément car il s'agit d'une activité très chronophage. Cependant, si vous avez le temps, la création d'un répertoire peut vous être utile le jour J. Il s'agit simplement d'une liste alphabétique des principales thématiques et des sources documentaires liées.

Par exemple :

Conciliation et arbitrage	Art. 31 de l'ordonnance de 1945 Art. 159, 161 et 163 du Code de déontologie Art. 1442 à 1491 du nouveau Code de procédure civile Art. 2061 du Code civil
Confraternité	Art 161 : Assistance et courtoisie Art. 162 : Collaboration rémunérée entre membres de l'Ordre Art. 163 : Devoirs envers le confrère en remplacement avant acceptation d'une mission Art. 164 : Succession suite à une reprise totale ou partielle de l'activité du confrère Art. 166 : Décès ou incapacité temporaire d'un membre de l'Ordre

L'anecdote des auteurs

Parmi nos connaissances professionnelles, un certain nombre de personnes s'échangeaient ce type de répertoire. Nous attirons toutefois votre vigilance sur un point : pour être utile, ce type de liste alphabétique doit être actualisée et s'appuyer sur la documentation que vous utilisez (et que vous aurez le jour J). Si vous ne l'avez pas rédigé vous-même, nous vous conseillons de vous en dispenser.

D L'utilisation d'un code couleur et de marque-pages

Les repères visuels facilitent les opérations de recherche. Par exemple, au sein de votre Code de commerce, il est intéressant de séparer :

- les parties administratives, réglementaire et législative ;
- les parties relatives aux différents types de sociétés commerciales et celles relatives aux diligences du commissaire aux comptes.

Des marque-pages autocollants de couleur vous permettront de réaliser facilement cette opération et de gagner, à coup sûr, un temps précieux dans vos recherches le jour J.

Ils peuvent aussi mettre en avant les articles ou les documents vous ayant été le plus utile, lorsque vous vous êtes entraîné sur les annales (par exemple : l'article L. 823-16 du Code de commerce qui est utile de façon assez récurrente).

L'anecdote des auteurs

Chacun son code couleur. Personnellement, j'ai utilisé des marque-pages fluorescents pour référencer mon Code de commerce et certaines NI :

- orange pour l'alerte et la prévention des difficultés des entreprises ;
- rose pour les différents types de sociétés commerciales ;
- vert pour les diligences du commissaire aux comptes ;
- jaune pour le reste.

Le jour J, ces repères visuels m'ont vraiment aidé à gagner du temps.

E Impératif : étiqueter sa documentation

Il est impératif d'étiqueter sa documentation en y ajoutant vos noms et prénoms de manière visible. Scotcher une étiquette sur la couverture vous prendra cinq minutes et pourra vous épargner bien des tracas. En effet, dans les salles d'examen d'Arcueil, vous le constaterez vite, la place est limitée. Il peut arriver que vos effets personnels, et donc votre documentation, côtoient de très près celle de votre voisin. En cas d'erreur ou de doute, vous pouvez être accusé de fraude. Il est en effet strictement interdit de s'échanger de la documentation (même un livre non annoté) entre candidats. Étiqueter sa documentation permet donc d'éviter tout malentendu !

Vous n'êtes pas convaincu ? Pour mémoire, ci-après un petit rappel des textes sur la fraude aux examens :

- la loi du 23 décembre 1901 réprimant les fraudes dans les examens et concours publics ;
- l'arrêté du 19 mai 1950 relatif aux fraudes aux examens et concours de l'enseignement technique ;
- le Code pénal, notamment les articles 313-1, 313-3, 441-1, 433-19, 441-2.

Sur le site internet du SIEC, on peut trouver les informations suivantes sur les sanctions :

« ***Les sanctions administratives :*** *un candidat suspecté de fraude présentera sa défense lors d'une audition devant une émanation du jury ou par écrit, afin de respecter le principe de la procédure contradictoire.*

L'éventail des sanctions est variable selon la gravité des faits reprochés et s'étend de l'annulation de l'examen, jusqu'à une interdiction de se présenter à tout examen et concours de l'enseignement technique durant une période maximale de cinq ans.

Les sanctions pénales : *les fraudes commises dans les examens et les concours publics constituent un délit et sont réprimées par le Code pénal.*

Voici quelques exemples de sanctions pénales possibles :

- *la substitution d'identité lors du déroulement des épreuves peut entraîner des sanctions pénales : peine d'emprisonnement et amende pouvant aller jusqu'à 45 000 euros selon les cas ;*
- *l'usurpation d'identité dans un document administratif ou dans un document authentique est punie de 6 mois d'emprisonnement et de 7 500 euros d'amende ;*
- *enfin, tout faux et usage de faux d'un document délivré par l'administration est puni de 5 ans d'emprisonnement et de 75 000 euros d'amende.* »

Le conseil des auteurs

Il serait dommage de ne pouvoir s'installer suite à une condamnation pénale ; encore plus, si elle est liée à une inadvertance de votre part !

III Quelques conseils pour trouver sa documentation

A Au cabinet, avec autorisation préalable

Si vous travaillez dans un cabinet d'expertise comptable et/ou d'audit légal, dans lequel vous avez effectué votre stage, vous devriez avoir accès à une documentation de qualité et à jour.

Que vous soyez dans un cabinet de proximité ou un *big*, il est important de :

- recenser la documentation disponible ;
- imprimer celle qui est au format informatique ;
- demander si vous pouvez emprunter la documentation papier, et dans l'affirmative, pour quelle durée.

Nous attirons votre attention, notamment si votre cabinet n'est pas un cabinet de commissariat aux comptes, vous risquez de rencontrer des difficultés pour réunir la documentation spécifique à l'audit légal.

Un maître mot : ANTICIPER !

L'anecdote des auteurs

À quelques semaines des examens, nous nous sommes aperçus que nous étions plusieurs collaborateurs de notre cabinet à passer les épreuves écrites... Nous vous laissons imaginer les échanges de chiffonniers pour se répartir équitablement la documentation à moindres frais...

B Relations personnelles et professionnelles

Du fait de l'importance et de l'investissement dans nos différentes activités professionnelles, il arrive fréquemment que nos relations soient simultanément personnelles et professionnelles.

Par conséquent, n'hésitez pas à activer votre réseau afin de réunir les ressources qui seraient éventuellement manquantes : vos amis ont peut-être la documentation concernée ou, à défaut, peuvent peut-être demander à leur employeur de vous la prêter.

N'oubliez pas que la confraternité commence dès la préparation du DEC !

C L'ANECS en partenariat avec le CRO

En Île-de-France, une location de Mémentos Francis Lefebvre est organisée. Pour les sessions précédentes, les prix constatés étaient les suivants :

– location pour 99 euros pour les membres de l'ANECS et 199 euros pour les non-membres des ouvrages suivants :
  - *Mémento Comptable*
  - *Mémento Audit*
  - *Mémento Association*
  - *Mémento Fiscal*
  - *Mémento Social*
  - *Mémento Sociétés commerciales*

– dépôt de garantie de 1 000 euros.

L'opération étant victime de son succès, n'hésitez pas à vous y inscrire dès que possible !

Si vous ne dépendez pas du Conseil régional de l'Ordre des experts-comptables de Paris Île-de-France, vous pouvez vous renseigner lors d'une réunion ANECS, par mail, ou via la page Facebook de votre ANECS régionale pour savoir si de telles offres sont prévues pour la prochaine session.

Il est en effet envisagé qu'à l'avenir cette offre soit étendue à toute la France et non simplement en régions.

D Où trouver des ouvrages d'occasion ?

Si vous ne vous retrouvez pas dans les cas décrits ci-avant, rassurez-vous, vous n'êtes pas forcément obligé de clôturer votre compte épargne pour acheter toute la documentation en librairie. Ci-après, nous vous donnons quelques pistes pour trouver facilement des ouvrages d'occasion.

1 Le Bon coin *et* Ebay

Célèbres sites de mise en relation entre vendeurs et acheteurs pour une vaste catégorie de biens et de services, vous devriez aisément pouvoir trouver la documentation « commune », par exemple, un Code de commerce récent.

Nous vous conseillons d'anticiper l'acquisition de votre documentation car vous risquez d'être plusieurs à vouloir l'acquérir par ce biais à l'approche de l'examen. Attention toutefois à ne pas acquérir de documentation trop ancienne et donc probablement prescrite ! Typiquement, n'utilisez pas de livres de fiscalité d'années antérieures.

2 Adopteunmemorialiste.com

À l'initiative de l'ANECS, ce groupe public sur Facebook compte plus de 1 200 membres. Il a pour vocation de soutenir les mémorialistes dans leur effort de rédaction du mémoire d'expertise comptable et de rompre leur isolement.

Il est bon de noter que les mémorialistes ont généralement réussi leurs épreuves écrites. Nous avons constaté des propositions de vente de documentation sur le site.

S'il vous manque encore un grand nombre d'ouvrages et/ou que vous peinez à trouver une documentation spécifique, n'hésitez pas à laisser un message sur ce groupe Facebook. L'entraide et les prémices de la confraternité étant les maîtres mots de ce groupe, vous pourriez avoir une bonne et agréable surprise !

Fiche 8 L'ORGANISATION ET LA LOGISTIQUE

Peter Drucker a dit: « La raison d'être d'une organisation est de permettre à des gens ordinaires de faire des choses extraordinaires. »

I À savoir: Arcueil, en pratique

Traditionnellement, les épreuves écrites se déroulent à la Maison des Examens.

Contact

7, rue Ernest Renan, 94749 Arcueil CEDEX

Pour s'y rendre, il faut prendre le RER B, jusqu'à la station « Laplace » et prendre la sortie « Maison des Examens ». L'entrée se trouve rue Ernest Renan. Attention ! Prenez le bon RER, tous les RER B ne desservent pas la station « Laplace ».

Statistiquement, il y a de fortes chances que votre épreuve se déroule au 6e, voire au 7e étage. Nous précisons utilement que l'ascenseur est accessible sous conditions strictes et sur présentation de justificatifs.

N'hésitez donc pas, si cela vous est possible, à demander à un proche de vous accompagner à Arcueil pour vous aider à porter votre valise.

II Logistique de déplacement: vol, train, hébergement et transport

Tel un plan de bataille, la logistique est une des pierres angulaires de votre préparation. En effet, il ne peut y avoir de victoire sans une logistique parfaite.

Il est impératif de prévoir une marge de manœuvre suffisamment importante pour pallier d'éventuels problèmes : grève(s), accident(s) et, malheureusement, triste réalité de notre époque : dispositifs de sécurité renforcés suite aux attentats.

Dès que vous avez reçu votre confirmation d'inscription, nous vous conseillons de réserver votre (vos) vol(s) et/ou train(s) dès que possible.

L'anecdote des auteurs

Nous vous conseillons fortement d'arriver la veille. En effet, un retard subi la veille des examens aura moins d'impacts qu'un retard le matin même !
Personnellement, pour l'UE 2, j'avais opté pour le taxi. Je vous laisse imaginer que je n'étais pas le seul à avoir choisi cette option. Il y avait donc une file importante devant la Maison des Examens.

III Quelques applications, réseaux sociaux et sites internet

Nous avons la chance de vivre dans un monde hyperconnecté. Pourquoi ne pas en tirer profit pour vos examens ?

A *City Mapper* (disponible sur Android et IOS)

Cette application est le *must* des applications de transport parisien. Non seulement, vous aurez le récapitulatif de votre voyage en mode hors connexion, mais l'application vous indiquera également le meilleur emplacement dans la rame/voiture afin d'optimiser votre temps de déplacement. Ceci est un atout non négligeable lorsque la valise de documentation est imposante.

B Twitter

Le célèbre site de microblogging permet d'obtenir des informations en temps réel sur les transports, les manifestations, etc.

L'application commence à pénétrer le marché des professionnels du chiffre, nous vous conseillons de créer un compte et de vous familiariser avec l'application et les hashtags.

Le conseil des auteurs

Quelques comptes à suivre : @maison_examens, @FabriceHeuvrard, @ComptaOnline, @PagesSabbah. Quelques hashtags : #DEC #expertisecomptable #expertcomptable #SIEC #Arcueil

Si l'information est pertinente pour les autres candidats, ces comptes « retwitteront » probablement votre tweet. Par ailleurs, vous pouvez paramétrer les notifications pour être alerté directement en cas de nouvelles publications.

C Facebook

Il n'est pas nécessaire de présenter ce site… Vous ne le savez peut-être pas, mais le SIEC dispose d'une page Facebook qui regorge d'informations : *https://www.facebook.com/SIEC.Maison.des.examens/*

Alors, n'hésitez pas à *liker* la page et à vous inscrire aux notifications !

D LinkedIn

Réseau social professionnel par excellence, il fournit une multitude d'informations liée à la préparation des examens avec le *hashtag* #DEC.

La majorité des auteurs des Carrés DEC y publient régulièrement du contenu, n'hésitez donc pas à les suivre :

linkedin.com/in/sabrinasabbahpages

linkedin.com/in/fabriceheuvrard

E Éditions Gualino

Le site des éditions Gualino propose également une page « Actualités » sur laquelle vous pourrez trouver des articles concernant les mises à jours à venir des Carrés DEC et l'examen en général :

https://www.gualino.fr/actualites/.

IV J – 8

Le stress commence à se faire sentir… L'étape de préparation de votre valise doit vous permettre de vous rassurer ! Pour les non-parisiens, essayez de voir cela comme un départ en voyage. Je vous l'accorde qu'il y a des destinations plus dépaysantes…

Pour information, dès que vous serez diplômé (et vous le serez, nous l'espérons vivement !), les destinations de certains séminaires de formation organisés par les différents syndicats sont plus exotiques ! Une raison de se motiver davantage !

A La préparation de la valise

Bien qu'anecdotique, la préparation de votre valise ne doit pas être négligée. Pourquoi ? Voici deux mises en situation :

- vous marchez tranquillement dans la rue pour aller aux examens, et à ce moment précis, une roue de votre valise décide de faire cavalier seul ;
- dans la salle d'examen, vous êtes obligé de mettre votre valise à l'horizontal.

Mieux vaut anticiper pour que les titres de vos différents classeurs ne soient pas masqués, vous obligeant à perdre un temps précieux pendant l'examen.

Les conseils des auteurs

Rendre facilement accessible la documentation et classer les classeurs de façon à visualiser facilement le titre et son contenu ! Chacun a sa méthode, mais laisser les tranches des livres apparentes est une excellente idée. Être pragmatique sur la taille de la valise... N'oubliez pas que la place autour de votre table à Arcueil est limitée ! Votre valise doit être au maximum taille cabine.
On parle de valise, parce que l'on vous déconseille très vivement le sac de randonnée (et pourtant, on l'a déjà vu à Arcueil !).

B La préparation d'une pochette (carte d'identité, convocation, billet d'avion/train)

Vos billets sont réservés depuis tellement longtemps que vous les avez oubliés !

Pour pallier ce problème, nous vous invitons à centraliser tous vos documents administratifs et de voyage dans une pochette plastifiée (afin d'éviter tout drame).

C La préparation des fournitures de bureau

Il y a deux écoles (y compris parmi les deux auteurs de ce livre) :

- les adeptes du stylo-plume et de l'encre ;
- les fans des rollers-ball effaçables (par exemple le Frixion Ball de Pilot ou le Replay Premium de Paper Mate).

Surtout n'oubliez pas les surligneurs pour mettre en exergue les éléments importants dans l'énoncé et les annexes.

Les anecdotes des auteurs

Les stylos-billes effaçables avec un système de friction peuvent vous sauver une copie. Cela permet de gommer un nombre quasi-infini de fois, ce qui est rassurant quand on n'est pas très sûr de la réponse que l'on commence à rédiger. Par contre, le jour de l'examen, en gommant un peu trop fort, nous sommes plusieurs à avoir constaté que le verso s'efface également !
Attention donc : gommer ses erreurs c'est bien, mais avec modération.

Personnellement, j'utilise un stylo-plume, vieux de 15 ans. Il est donc nécessaire de reprendre l'habitude d'écrire avec afin de fluidifier l'encre. C'est une façon de se préparer mentalement à l'examen.

V La veille

A Se détendre, tout sauf réviser ! surtout pour les non-parisiens, profitez de votre déplacement !

L'examen est demain… À notre avis, il est inutile de réviser. Votre cerveau ne peut mémoriser des centaines de pages dans un court laps de temps. Mais surtout, comme nous l'avons déjà dit, pour cette épreuve, il vous faudra faire preuve de qualités professionnelles. On ne vous demande pas de montrer que vous avez bien appris une leçon. Nous vous conseillons de vous changer l'esprit et dans la mesure du possible de vous détendre.

Paris est une ville magnifique, il serait dommage de faire un long trajet et de ne pas profiter de la capitale. Vous dormez à Arcueil ? Il y a pas mal de choses à visiter à proximité du RER B : le jardin du Luxembourg, le quartier Latin, etc.

B Bien dormir

Si vous avez prévu une balade au cours de la journée, vous devriez dormir même avec le stress ! Le repos est votre meilleur allié pour réussir l'examen !

C Acheter de l'eau et une collation

L'eau est source de vie ! Le corps humain a besoin, entre autres choses, d'eau ; n'oubliez pas d'en apporter pour l'examen. Nous déconseillons les boissons gazeuses et/ou sucrées pour leurs éventuels effets indésirables : bruits, risque de les renverser sur la copie, etc.

Votre cerveau a également besoin de sucre pour fonctionner correctement. Une petite sucrerie est non seulement bonne pour le moral, mais permet d'améliorer les capacités de votre cerveau et d'éviter d'être déconcentré par un estomac qui gargouille. Par contre, attention à choisir judicieusement votre collation :
- elle ne doit pas risquer de tacher votre copie ; évitez donc tout ce qui est à base de chocolat et qui risquerait de fondre. Évitez également les collations plus ou moins liquides qui se renversent facilement : ce n'est pas le meilleur moment pour manger un yaourt ou une crème dessert ;
- elle doit déranger le moins possible les autres candidats ; évitez donc tout ce qui fait du bruit, du type pop-corn, ou qui a une odeur forte, du type fromage.

Vous pouvez, par contre, tout à fait emporter une barre de céréales, une gourde de compote, etc.

VI Le jour J

Pensez à arriver bien en avance afin d'optimiser votre temps.

A Avant la distribution des sujets

1 Éteindre votre téléphone portable, préparer votre pièce d'identité et votre convocation

C'est une évidence, mais pensez à éteindre votre téléphone portable pour éviter d'être dérangé et de déranger les autres candidats, au risque de vous faire exclure définitivement.

Sortez également de votre sac tout ce dont vous aurez besoin de manière certaine, et notamment votre pièce d'identité et votre convocation.

2 Remplir rapidement les feuilles avec votre nom, vos prénoms, le nom de l'épreuve, etc.

C'est un point important pour gagner du temps le jour J. Les feuilles d'examen ont des en-têtes qu'il convient de remplir méticuleusement :

Académie	Session				
Examen ou concours				Série	
Spécialité/option				Repère de l'épreuve	[Il sera affiché au tableau le jour de l'épreuve]
Épreuve/sous-épreuve					
Nom					
Prénom				N° du candidat	[Votre convocation vous sera utile]
Né le					
Examen ou concours				Série	
Spécialité/option				Repère de l'épreuve	[Il sera affiché au tableau le jour de l'épreuve]
Épreuve/sous-épreuve					

Nous vous recommandons vivement de consacrer *a minima* une copie double par dossier, sachant que statistiquement, l'épreuve comprend entre deux et quatre dossiers.

Si besoin, n'hésitez pas, dès le début de l'épreuve, à demander des copies supplémentaires. Pourquoi une copie, *a minima*, par dossier ?

- c'est plus agréable et plus facile de s'y retrouver pour le correcteur ;
- cela vous permet de revenir ultérieurement sur un dossier que vous n'auriez pas eu le temps de finir ;
- cela vous permet également de traiter les dossiers dans l'ordre qui vous convient et ce sans que ce soit perceptible *in fine* par le correcteur.

Pour remplir quatre en-têtes, comptez cinq minutes environ. Croyez-nous sur parole, ces cinq minutes seront bien mieux exploitées à autre chose pendant l'épreuve.

3 Ne surtout pas numéroter vos pages, ce travail est à effectuer à la fin de l'épreuve

Rien ne sert, par contre, de numéroter d'emblée vos pages, sachant que vous ne saurez pas combien de pages vous consacrerez à chaque dossier (une à deux copies doubles). Vous pouvez simplement commencer à numéroter la première copie.

4 La place disponible est très limitée, organisez votre documentation en conséquence

L'organisation spatiale de la documentation est un élément primordial. Vous n'aurez le droit de la disposer normalement que d'un seul côté de votre table et sous votre bureau. Organisez-vous afin que votre documentation soit accessible facilement. C'est le moment de disposer les livres de manière à ce que la tranche soit apparente !

Le conseil des auteurs

Évitez les piles de Francis Lefebvre, c'est la chute assurée pendant l'épreuve... Et un moment de « gloire » auprès des autres candidats, dont on souhaiterait se passer !

B Après la distribution des sujets

Respirez ! Le manque d'air est néfaste pour le cerveau, notamment à court terme !

Et maintenant, il est temps de mettre à profit toute votre documentation et d'entrer dans la peau d'un(e) professionnel(le), normalement diligent(e).

1 Sur la première page, prévoyez une liste des abréviations et acronymes

L'objectif, ici encore, est de gagner du temps. C'est là le nerf de la guerre de l'épreuve ! Vous utiliserez beaucoup d'abréviations le jour de l'épreuve et c'est normal. Vous avez deux possibilités :

- soit préciser à chaque première utilisation (et dans l'ordre des dossiers évidemment puisque ce sera l'ordre de lecture du correcteur) chaque signification entre parenthèses. Par exemple : CAC (Commissaire aux comptes) ;
- soit, et c'est ce que nous vous conseillons vivement, prévoir que la première page sera destinée à la liste des abréviations et acronymes que vous utiliserez.

Pourquoi faire une liste en première page ?

- pour le correcteur, c'est plus lisible, il a une liste à laquelle se référer sans avoir à résoudre un jeu de piste ;
- pour vous, cela vous permet aussi d'y revenir quand vous le souhaitez et facilement, sans devoir vous demander sans cesse « Ai-je déjà cité le Code de commerce en notant C. com. sur ma copie ? » ;
- surtout, cela vous permet une fois encore de prendre de l'avance. Vous utiliserez nécessairement certains acronymes, ne serait-ce que EC : Expert-comptable, CAC : Commissaire aux comptes ou NEP : Normes d'exercice professionnel.

Avant de lire le sujet (mais après sa distribution) vous pouvez déjà commencer à renseigner cette première page avec une indication « Liste des acronymes et abréviations » et en précisant tous ceux que vous penserez utiliser.

2 Prévoir une page avec les abréviations « spécifiques »

Nous avons évoqué précédemment les abréviations générales. Il y aura peut-être lieu d'en utiliser de plus spécifiques, par exemple : « M. Villevergerhilmstrein du dossier 1 s'appellera M. V ». Vous pouvez également leur consacrer une page dédiée ou préciser ces abréviations en début de dossier.

Fiche 9
MÉTHODOLOGIE PRATIQUE DE RÉPONSE

« Entre ce que je pense, ce que je veux dire, ce que je crois dire, ce que je dis, ce que vous voulez entendre, ce que vous entendez, ce que vous croyez en comprendre, ce que vous voulez comprendre, et ce que vous comprenez, il y a au moins neuf possibilités de ne pas se comprendre. Mais essayons quand même… », Bernard Werber.

Nous allons essayer ici de vous transmettre quelques clefs pour que votre réponse soit à la fois succincte et clairement compréhensible.

I Caractériser les faits pour introduire la problématique

Vous l'avez normalement déjà vu au cours de vos précédentes études, une réponse se décompose plus ou moins en trois parties distinctes :

- rappel des faits et problématique ;
- développement(s) ;
- conclusion et application au cas d'espèce.

La première étape est essentielle : caractériser les faits pour introduire la problématique. La question est « qu'est-ce que l'on vous demande ? » Une fois que les faits sont caractérisés, normalement, chercher l'information sera simple. C'est donc une étape cruciale. Pour caractériser les faits, il faut repérer les éléments essentiels de l'énoncé et des annexes.

Par exemple [Extrait du sujet de mai 2018] :

« Monsieur DEGOS révèle des faits susceptibles d'être qualifiés de délictueux au procureur de la République de Bordeaux, à savoir l'existence d'un compte courant débiteur au cours du premier trimestre 2018. Il vous interroge sur la possibilité de communiquer ce courrier à l'expert-comptable.

[…]

Le commissaire aux comptes peut-il communiquer le courrier adressé au procureur de la République à l'expert-comptable ?»

Quels sont les termes importants qui vous permettront d'orienter votre recherche documentaire ?

Dans cet exemple, la question est donc de savoir si la révélation au procureur est soumise au secret professionnel et, dans l'affirmative, si le secret est partagé avec l'expert-comptable. En résumé, pour caractériser les faits et faire ressortir la problématique, il faut :

- identifier les éléments importants de l'énoncé et des annexes ;
- vérifier que ces éléments vous permettent bien de faire une recherche documentaire ;
- synthétiser ces éléments en une phrase assez générale mais suffisamment précise pour introduire la problématique.

II La problématique

Vous devez montrer au correcteur que vous avez bien compris la question qui est posée. Vous pouvez le faire sous forme déclarative ou interrogative, l'essentiel étant que vous repreniez les faits importants de manière synthétique, tout en les caractérisant d'un point de vue juridique.

III Rappel de la théorie

A Toujours citer une source juridique reconnue

Une fois que vous avez posé votre problématique et trouvé des éléments de réponse, il y a lieu de passer au développement, à savoir le rappel de la théorie. Un point essentiel est à savoir : vous devez toujours citer une source !

Il peut s'agir d'une source :

- légale : par exemple, issue du Code de commerce ;
- réglementaire : par exemple, le décret n° 2012-432 du 30 mars 2012 relatif à l'exercice de l'activité d'expertise comptable dans lequel est inclus le Code de déontologie des experts-comptables ;
- doctrinale : par exemple, les NI de la CNCC.

Par contre, attention aux sources doctrinales que vous citez : typiquement, vous ne devez pas citer un passage d'un des *Mémento* des éditions Francis Lefebvre, mais le texte de référence auquel il se réfère (article du Code de commerce, du Code général des impôts, etc.). La source que vous citez doit toujours être une source de référence pour la profession.

B Des réponses synthétiques

Nous l'avons déjà dit, le nerf de la guerre de cette épreuve est le temps. L'important est de citer le texte, pas de le recopier intégralement, sinon vous allez perdre un temps précieux !

Par exemple, si l'on vous demande les diligences à effectuer par le commissaire aux comptes dans un cas particulier, le correcteur ne s'attend pas à ce que vous les recopiiez intégralement sur plusieurs pages.

Vous pouvez simplement répondre que ce sont celles prévues par une NEP (que vous citerez bien évidemment) et/ou qui sont rappelées/précisées dans une des notes d'information de la CNCC (vous précisez alors la NI concernée et la page). N'oubliez pas que l'on vous demande ici un travail de recherche et d'analyse, pas de recopie !

IV Adaptation concrète au cas présenté qui comporte un jugement professionnel

A Conclure

Cela semble évident et pourtant nombre de candidats seraient tentés de l'oublier : il faut conclure, et de surcroît en tant que professionnel.

Mettez-vous en situation : si un client vous pose une question, en tant qu'expert-comptable et commissaire aux comptes, qu'allez-vous lui répondre ? Simplement lui citer le texte de référence ? Ou lui donner une réponse précise dans son cas à lui ? Il vous faut donc conclure et prendre position.

B Que faire s'il existe plusieurs options ?

Quelques fois, il peut vous manquer un élément pour pouvoir répondre. Il y a deux hypothèses possibles, et si vous étiez au cabinet, vous poseriez simplement une question complémentaire au client pour trouver une solution.

Si cela vous arrive le jour de l'examen, pas de panique. Vous préciserez simplement dans votre réponse qu'il existe deux hypothèses possibles, et que vous vous placerez dans l'une de ces hypothèses pour répondre.

C Réagir en tant que professionnel averti et normalement diligent

Vous l'avez compris, le jour de l'épreuve, vous êtes un professionnel averti. Vous devez donc agir comme tel et vous montrer normalement diligent.

Votre réponse doit être claire, précise, et respecter les textes qui réglementent la profession d'expert-comptable et/ou de commissaire aux comptes.

N'oubliez pas que vous allez prêter serment de « *respecter et faire respecter les lois* » dans vos travaux : c'est l'occasion de montrer que vous maîtrisez justement lesdites lois !

D Attention à ne pas se noyer dans les annexes

L'UE 2 est structurée de façon à contenir un nombre significatif d'annexes. Il est important de prendre conscience que toutes les informations présentes dans les annexes ne sont pas nécessairement utiles. Dès lors, il est nécessaire de savoir extraire et mettre en exergue uniquement les points importants de l'énoncé dont il faut tenir compte pour la formulation de votre réponse et ainsi maximiser la récupération de points.

Fiche 10

PREMIER EXEMPLE DE CAS PRATIQUE COMMENTÉ (EXPERTISE COMPTABLE)

Le sujet et les questions sont issus du dossier 3 des annales du DEC de novembre 2015, ils ont été actualisés.

I Lecture du sujet

A Le sujet

« Vous avez été engagé, en début d'année, comme expert-comptable mémorialiste au cabinet LEBIHAN Audit et Expertise, rue du Vieux-Lille, à Aubenas (07000). Ce cabinet a été constitué par Monsieur Juste Lebihan, expert-comptable et commissaire aux comptes.

Vous êtes chargé de superviser les travaux de Jean D'houte, expert-comptable stagiaire 1re année, Monsieur Lebihan proche de la retraite, désirant se retirer progressivement du cabinet. »

« Monsieur Ybou est le président du conseil d'administration d'une importante société dont le siège social est situé à La Hag-Nau (67). Il souhaite que vous l'assistiez cette année dans l'établissement de sa déclaration de revenus et d'impôt sur la fortune immobilière (IFI). »

B Les points importants

Le premier paragraphe est simplement introductif. Le second paragraphe précise le cadre. Il s'agit d'un dossier d'expertise comptable. D'une manière générale, l'ouvrage de référence à utiliser en expertise comptable lorsque vous ne savez pas où chercher et le *Mémento Comptable*, paru aux éditions Francis Lefebvre.

Il vous est précisé « *Il souhaite que vous l'assistiez cette année dans l'établissement de sa déclaration de revenus et d'impôt sur la fortune immobilière (IFI)* ». Vous en déduisez que, s'agissant d'une mission fiscale, le *Mémento Fiscal* (paru aux éditions Francis Lefebvre) vous sera probablement utile dans le cas présent.

À cette étape de l'épreuve, remémorez-vous vos connaissances concernant ce type de mission :
- les missions d'assistance à l'établissement des déclarations fiscales des particuliers sont autorisées depuis quelques années (et ce avant la loi *Macron*). Sur le site du Conseil supérieur de l'Ordre des experts-comptables, on peut trouver un modèle de lettre de mission ainsi qu'un guide pratique, qui pourra vous être utile si vous l'avez emmené ;
- justement, parmi les points de vigilance, se trouve la lettre de mission : il faut qu'elle soit adressée au dirigeant et non à l'entité. En effet, si l'entreprise règle les honoraires liés à l'établissement de la déclaration personnelle du dirigeant, l'abus de bien social peut être caractérisé.

Le référentiel normatif pourra peut-être également vous être utile, tout comme les autres textes de référence en expertise comptable (ordonnance de 1945, Code de déontologie, etc.).

II Question 3.1 – Le cadre référentiel de la mission

A La question

« Le cabinet peut-il effectuer cette mission ? Dans l'affirmative, quel en serait le cadre référentiel ? »

B Les pistes de réflexion

Vous le saviez probablement et nous l'avons évoqué ci-dessus, les missions d'assistance à l'établissement des déclarations fiscales des particuliers sont autorisées depuis quelques années (et ce, avant la loi *Macron*). La question que vous devez vous poser est : « En application de quel texte ? » Probablement un des textes de référence de la profession. Quel texte autorise ou non à effectuer certaines missions en expertise comptable ? Un indice : c'est une ordonnance, qui a été modifiée suite à la loi *Macron*. Il s'agit de l'ordonnance du 19 septembre 1945.

La seconde question porte sur le « cadre référentiel » ; vous devriez donc normalement trouver des éléments de réponse dans le référentiel normatif.

Vous pouvez également trouver toutes les réponses dans le guide pratique *Assistance à l'établissement des déclarations fiscales des personnes physiques* établi par le Conseil supérieur de l'Ordre des experts-comptables.

C La lecture du texte de référence

L'article 2 de l'ordonnance du 19 septembre 1945 énonce que « *Les membres de l'ordre, les sociétés pluri-professionnelles d'exercice, les succursales et les associations de gestion et de comptabilité peuvent assister, dans leurs démarches déclaratives à finalité fiscale, sociale et administrative, les personnes physiques qui leur ont confié les éléments justificatifs et comptables nécessaires auxdites démarches.* »

L'article 22 de cette même ordonnance précise par ailleurs : « *Ils peuvent également, sans pouvoir en faire l'objet principal de leur activité :*

1° Effectuer toutes études ou tous travaux d'ordre statistique, économique, administratif, ainsi que tous travaux et études à caractère administratif ou technique, dans le domaine social et fiscal, et apporter, dans ces matières, leur avis devant toute autorité ou organisme public ou privé qui les y autorise. »

La mission est donc autorisée conformément aux dispositions de l'article 2 de l'ordonnance du 19 septembre 1945. Cette information est rappelée à la page 11 du guide pratique *Assistance à l'établissement des déclarations fiscales des personnes physiques* : « *La mission d'assistance à l'établissement des déclarations fiscales des personnes physiques est prévue à l'alinéa 6, de l'article 2 de l'ordonnance du 19 septembre 1945.* »

Concernant la question liée au cadre référentiel, le référentiel normatif distingue trois catégories de mission :

- les missions d'assurance sur des comptes complets historiques – ce n'est pas le cas ici ;
- les autres missions d'assurance. L'expert-comptable n'émet pas, dans le cas présent, d'attestation, ce n'est donc pas le cas ;

les missions sans assurance : c'est dans cette catégorie que l'on peut classer notre mission. Parmi les missions sans assurance, le référentiel normatif distingue :

- les informations sur la base de procédures convenues ;
- les missions de compilation ;
- les missions sans assurance prévues par la loi ou le règlement ; c'est le cas ici, puisque la mission est prévue par l'article 2 de l'ordonnance de 1945 ;
- les autres prestations fournies à l'entité.

À la page 15 du guide *Assistance à l'établissement des déclarations fiscales des personnes physiques*, il vous est bien précisé : « *Au regard du cadre de référence des missions du référentiel normatif, la mission d'assistance à l'établissement des déclarations fiscales des personnes physiques s'inscrit parmi les autres prestations (catégories des missions sans assurance).* »

D La proposition de réponse

La mission d'assistance à l'établissement des déclarations fiscales des personnes physiques, dont font partie les déclarations d'impôt sur le revenu et d'impôt de solidarité sur la fortune, est expressément autorisée par l'article 2 de l'ordonnance du 19 septembre 1945.

Cette mission s'inscrit, tel que cela est prévu par le référentiel normatif, parmi les autres prestations (missions sans assurance).

En l'espèce, le cabinet peut donc accepter la mission, en se référant au cadre de référence des missions sans assurance (autres prestations).

III Question 3.3 – Imposition sur plus-value

A La question

« Au cours de l'année 2018, Monsieur Ybou cède à un tiers 150 actions d'une société à caractère industriel, soumise à l'impôt sur les sociétés dans les conditions de droit commun, au prix unitaire de 50 €. Il s'agit d'actions d'une même société acquises selon le calendrier suivant :

- *100 actions au prix unitaire de 10 € en 2005 ;*
- *100 actions au prix unitaire de 30 € en 2014.*

Monsieur J. Setout lui a affirmé qu'il n'y aurait aucun impôt à payer sur cette cession d'actions. Pour sa part, Jean D'houte pense cette opération imposable. Mais, il estime que Monsieur Ybou pourrait bénéficier d'un abattement sur cette plus-value. Êtes-vous d'accord avec lui ? Justifiez votre position. Aucun calcul n'est demandé. »

B Les pistes de réflexion

Pour connaître les modalités d'imposition des plus-values sur cessions d'actions, le plus simple (hormis bien évidemment le *Bulletin officiel des Finances publiques* (BoFIP)) est de consulter le *Mémento Fiscal* (éditions Francis Lefebvre). Vous pourriez également utiliser toute documentation sur l'impôt sur le revenu (*Revue Fiduciaire*, par exemple).

Le *Mémento Fiscal*, propose une table alphabétique en fin d'ouvrage. Si vous cherchez à « cessions », vous pouvez lire « *voir le mot correspondant à la nature du bien cédé (exemple : immeuble, fonds de commerce, titre de société)* ». Vous pouvez donc chercher à « Action, actionnaire », auquel cas vous lirez « *voir associé, titre de société* ». À « titres de sociétés », vous avez le choix entre :

- cession massive ;
- droits d'enregistrement ;
- plus-values de cession ;
- titres de sociétés immobilières ;
- TVA.

C'est bien évidemment les plus-values de cessions qui nous intéressent ici et plus précisément les plus-values privées, donc le paragraphe n° 32805 et suivants.

C La lecture du texte de référence

Comme nous travaillons sur le *Mémento* (éditions Francis Lefebvre – qui, attention, ne doit pas être cité en tant que tel sur vos copies) veillez à bien noter les sources qui sont indiquées en marges. En effet, en dessous des numéros de paragraphe, vous trouverez :

- la référence au texte légal ;
- une référence de type « RM-VI-14800 s » : il s'agit d'un renvoi à la *base fiscale Francis Lefebvre*. Vous avez peut-être déjà croisé cette base au cabinet : il s'agit de gros classeurs bleus, qui sont normalement, régulièrement actualisés.

Il est précisé paragraphe 32805, en référence aux articles 150-0 A à 150-0 E du CGI « *les plus-values réalisées par des particuliers à l'occasion de la cession de valeurs mobilières ou de droits sociaux constituent l'une des catégories de revenus passibles de l'impôt sur le revenu. [...] Les plus-values sont soumises de plein droit à un prélèvement forfaitaire unique (PFU) de 12,8 %, ou sur option globale du contribuable au barème progressif de l'impôt sur le revenu [...] (Loi n° 2017-1837 du 30 déc. 2017, art. 28 applicable aux impositions dont le fait générateur intervient à compter du 1er janvier 2018)* ».

Paragraphe 32890 : « *titres concernés [...] les droits sociaux c'est-à-dire les actions et les parts de sociétés cotées ou non cotées (exception faite des titres de sociétés immobilières [...] quels que soient le régime fiscal de la société et l'importance de la participation du cédant* ». Cela nous confirme que nous sommes *a priori* dans le bon cadre.

Si vous poursuivez la lecture, vous constaterez qu'il y a une section « abattements pour durée de détention » dans laquelle il est précisé, en référence aux articles 150-0 D 1, 1 ter et 1 quinquies du CGI « *Lorsque les titres acquis ou souscrits avant le 1er janvier 2018 sont détenus depuis au moins deux ans, les gains nets retirés de la cession ou du rachat d'actions, de parts de sociétés, de droits démembrés portant sur ces parts ou actions (usufruit ou nue-propriété) ou de titres représentatifs de ces mêmes parts, actions ou droits (telles que parts ou actions d'OPCVM) sont réduits d'un abattement dans le cas où le contribuable a exercé l'option globale pour l'imposition au barème progressif [...] L'abattement pratiqué est égal à :*

- *50 % du montant des gains nets ou des distributions lorsque les titres ou droits sont détenus depuis au moins deux ans et moins de huit ans à la date de la cession ou de la distribution ;*
- *65 % de leur montant lorsque les titres ou droits sont détenus depuis au moins huit ans.* »

Il est par ailleurs précisé « *en cas de cession de titres appartenant à une même série (ou de droits de même nature) non identifiables, acquis ou souscrits à des dates différentes, la cession est réputée porter en priorité sur les titres ou droits les plus anciens* ».

D La proposition de réponse

Conformément à l'article de la loi n° 2017-1837 du 30 décembre 2017, les plus-values d'actions sont soumises de plein droit à un prélèvement forfaitaire unique (PFU) de 12,8 %, ou sur option globale du contribuable au barème progressif de l'impôt sur le revenu.

Dans ce dernier cas, elles peuvent bénéficier d'abattements pour durée de détention prévues aux articles 150-0 D 1, 1 ter et 1 quinquies, à savoir :

- 50 % pour les titres détenus depuis plus de deux ans mais moins de huit ans ;
- 65 % pour les titres détenus depuis plus de huit ans.

En cas de cession d'actions d'une même société, la cession est réputée porter en priorité sur les titres les plus anciens.

En l'espèce, Monsieur Setout a donc raison, le montant de la plus-value est imposable :

- soit, de plein droit, à 12,8 % sur le montant total de la plus-value. Le montant de l'impôt sera alors de 12,8 % x (100 actions × 40 € de plus-value + 50 actions × 20 € de plus-value) ;
- soit, sur option, après application d'un abattement de 65 % pour les 100 actions acquises en 2005 – donc sur la base de 100 actions × 40 € de plus-value × (1 – 65 %) + 50 actions × 20 € de plus-value.

Fiche 11

PREMIER EXEMPLE DE CAS PRATIQUE COMMENTÉ (COMMISSARIAT AUX COMPTES)

Le sujet et les questions sont issus du dossier 1 « Doudounet » des annales du DEC de mai 2014. Les dates ont été actualisées.

I Lecture du sujet

A Le sujet

« Vous êtes expert-comptable mémorialiste au cabinet HORACE – Audit et Expertise – rue des Épîtres du Marais à Angélique (79510). Ce cabinet a été constitué par deux associés principaux : M. Didier Carpe, expert-comptable et commissaire aux comptes, en charge des dossiers situés dans l'ouest de la France et Mme Carine Diem, également expert-comptable et commissaire aux comptes, qui intervient sur les dossiers situés dans le sud de la France.

Vous êtes chargé de superviser les travaux de Jean D'houte, expert-comptable stagiaire 2e année et ceux d'Anne Odin, commissaire aux comptes stagiaire 1re année.

Mme Perrine Bonnet, coprésidente d'une crèche parentale constituée sous forme d'une association loi 1901, Doudounet, sise 33, avenue de Paris à Saint-Martin-Les-Melles (79500), prend rendez-vous en juin 2018 avec votre maître de stage, M. Didier Carpe, commissaire aux comptes.

Elle rapporte les propos de son expert-comptable au sujet de la nomination obligatoire d'un commissaire aux comptes dans l'association car les seuils exigés pour la nomination de ce dernier sont atteints depuis deux ans. Elle ne sait pas vraiment ce que cela signifie.

La crèche établit des comptes financiers à la fin de l'année civile qui sont approuvés chaque année par l'Assemblée générale. Tous les membres du bureau sont bénévoles et Mme Perrine Bonnet exerce sa coprésidence à temps partagé avec une autre maman, Mme Éloïse Blanc. Elles n'ont aucune connaissance en matière comptable, fiscale, sociale et juridique. La crèche emploie trois salariés, une directrice et deux éducatrices de la petite enfance.

Mme Perrine Bonnet est venue voir votre maître de stage car elle souhaite que l'association puisse respecter toutes ses obligations légales.

Elle vous signale que l'autre coprésidente, avec laquelle elle ne s'entend pas, a émis, début 2018, des chèques pour payer des dépenses à caractère privé avec le chéquier de l'association. Le collaborateur du cabinet d'expertise comptable qui s'occupe du dossier l'a rassurée en disant que ce n'était pas grave car elle vient de rembourser cette somme.

Comme son expert-comptable partira à la retraite courant 2020, Mme Perrine Bonnet souhaiterait que vous repreniez la mission d'expertise comptable, une fois votre mission de commissariat aux comptes achevée le 31 décembre 2020. En effet, l'association risque de diminuer son activité de 25 % avec la baisse de naissances dans la région. Par conséquent, le coût de deux intervenants serait trop important par rapport au budget alloué à la crèche qui reçoit, d'une part, la Prestation de service unique versée par la caisse d'allocations familiales pour l'accueil des jeunes enfants de 155 K€ par an, et d'autre part, la participation des parents, variable selon les années.

Désireux de se renseigner sur certaines particularités comptables et juridiques des crèches, M. Didier Carpe a interrogé le président national de la CNCC dont vous trouverez la réponse en annexe 1.

Didier Carpe vous demande de l'aider dans cette mission d'audit légal spécifique au domaine associatif et d'apporter des éléments de réponse aux différentes questions de Mme Perrine Bonnet suite à l'entretien. »

B Les points importants

Ce dossier est noté sur 12 points et comprend 9 questions, il convient de lui accorder le temps nécessaire pour maximiser le nombre de points.

Ce dossier traite de l'audit légal d'une association. L'un des premiers réflexes est de vouloir s'appuyer sur le *Mémento Associations* et le *Mémento Audit* (éditions Francis Lefebvre). Il évoque différents sujets et notamment :

- les dépenses personnelles réglées avec le chéquier de l'association peuvent être caractérisées d'abus de confiance. L'anomalie a été rectifiée puisque la somme a été remboursée. Vous aurez toutefois peut-être besoin de la documentation liée à la révélation au procureur (pratique professionnelle relative à la révélation des faits délictueux au procureur de la République) ;
- les conditions de nomination du commissaire aux comptes dans les associations. On note que la « prestation de service unique » versée par la caisse d'allocations familiales est d'un montant de 155 K€. Les conditions de nomination du commissaire aux comptes se trouvent dans le Code de commerce et sont synthétisées sous forme de tableau disponible sur le site de la CNCC.

II Question 1.1 – L'obligation de désignation d'un CAC dans une association

A La question

« *La crèche Doudounet est-elle tenue d'avoir un commissaire aux comptes ? Justifier votre réponse.* »

B Les pistes de réflexion

Au cours de vos révisions et de votre activité professionnelle, vous vous êtes probablement interrogés sur les seuils de nomination d'un commissaire aux comptes dans une association…

Des éléments de réponse peuvent se trouver :

- dans le *Mémento Associations* (éditions Francis Lefebvre) ;
- dans le tableau de synthèse « nomination obligatoire du commissaire aux comptes » établi par la CNCC ;
- dans le Code de commerce, dans la partie relative aux personnes morales de droit privé non commerçantes ayant une activité économique.

Dans l'exemple, nous nous baserons sur le *Mémento Associations*, source la plus simple à utiliser en l'espèce.

C La lecture du texte de référence

1 L'obligation de nomination d'un CAC dans une association

En parcourant le Mémento Associations, on identifie facilement la réponse à cette question. Comme nous l'indique cet ouvrage, il convient de se référer aux articles L. 612-4 et D. 612-5 du Code de commerce.

Généralement, la loi détermine l'obligation et les décrets déterminent les seuils d'application.

L'article L. 612-4 du Code de commerce stipule : « *Toute association ayant reçu annuellement des autorités administratives, au sens de l'article 1er de la loi du 12 avril 2000, ou des établissements publics à caractère industriel et commercial une ou plusieurs subventions en numéraire dont le montant global dépasse un seuil fixé par décret, doit établir des comptes annuels comprenant un bilan, un compte de résultat et une annexe dont les modalités d'établissement sont fixées par décret. Ces associations doivent assurer, dans des conditions déterminées par décret en Conseil d'État, la publicité de leurs comptes annuels et du rapport du commissaire aux comptes.*

Ces mêmes associations sont tenues de nommer au moins un commissaire aux comptes et un suppléant. »

Le décret d'application de cet article fixe le seuil à 153 000 euros.

2 La notion d'autorité administrative

Le *Mémento Associations* nous renseigne utilement en nous apportant une réponse concrète au cas des crèches, et indique la référence au bulletin de la CNCC (CNCC 146, juin 2007, p. 331 et s.).

En conséquence, il convient de noter cette référence dans l'argumentation de la réponse. Le bulletin de la CNCC précise, comme l'indique le *Mémento Associations :*

« L'article 1er de la loi du 12 avril 2000 en vertu duquel : "Sont considérées comme autorités administratives au sens de la présente loi, les administrations de l'État, les collectivités territoriales, les établissements publics à caractère administratif, les organismes de sécurité sociale et les autres organismes chargés de la gestion d'un service public administratif."

La Commission des études juridiques considère qu'en application de ces textes, les caisses d'assurance maladie étant des organismes de sécurité sociale, entrent dans la définition des "autorités administratives"et sont par conséquent visées par l'article L. 612-4 du Code de commerce. Une association, quelle que soit son activité, recevant d'une telle caisse un financement dépassant un montant annuel de 153 000 euros doit donc procéder à la nomination d'un commissaire aux comptes. »

D La proposition de réponse

La crèche Doudounet reçoit un montant annuel de 155 000 euros de la CAF. Considérant que la CAF est une autorité administrative telle que définie par l'article 1er de la loi du 12 avril 2000 (cité notamment par le bulletin CNCC 146 – page 331) et que l'association Doudounet perçoit de cette autorité un financement dépassant un montant annuel de 153 000 €, l'association a l'obligation légale de nommer un commissaire aux comptes titulaires et un commissaire aux comptes suppléant, et ce conformément aux dispositions de l'article L. 612-4 du Code de commerce.

III Question 1.3 – Les modalités de transmission de la lettre de mission

A La question

« Mme Perrine Bonnet et Mme Éloïse Blanc, coprésidente, étant peu disponibles, elles proposent que M. Didier Carpe leur envoie dès que possible la lettre de mission pour signature. Il vous demande si les normes professionnelles l'autorisent à le faire. »

B La piste de réflexion

On constate que les rédacteurs du sujet ont pris du recul par rapport à l'association et souhaite que le candidat s'interroge sur les normes professionnelles qui régissent la profession.

C La lecture du texte de référence

À ce stade, il convient de relire la NEP relative à la lettre de mission, à savoir la NEP 210 qui s'intitule : « *La lettre de mission du commissaire aux comptes* ».

Dans son troisième paragraphe, la NEP mentionne que le CAC doit obtenir « *l'accord de la personne ou de l'entité sur son contenu* ». Il est par ailleurs précisé : « *La lettre de mission initiale doit être établie par le commissaire aux comptes la première année de son mandat et communiquée à la personne ou à l'entité préalablement à la mise en œuvre de ses travaux de vérification et de contrôle.* »

Cependant, la NEP 210 n'apporte pas de réponse précise à la question. En conséquence, on peut valablement penser que tous les moyens de transmission de la lettre de mission sont autorisés, à partir du moment où le CAC peut documenter la réponse dans le respect des normes professionnelles.

D La proposition de réponse

À ce jour, aucune NEP ne définit précisément les modalités de communication de la lettre de mission, la NEP 210 précisant simplement que le CAC doit obtenir « *l'accord de la personne ou de l'entité sur son contenu* ». En conséquence, M. Carpe peut transmettre celle-ci selon les modalités qu'il souhaite, notamment par mail.

Cependant, pour des modalités pratiques, il peut souhaiter l'envoyer par lettre recommandée avec accusé de réception afin de garantir une traçabilité et une documentation adéquate dans son dossier. Par contre, et toujours conformément aux dispositions de la NEP 210, la lettre de mission devra être établie dans la première année du mandat, donc après la nomination de M. Carpe.

IV Question 1.4 – Les modalités de détermination des honoraires du CAC

A La question

« Sur la base de quel document légal serait déterminé le budget d'honoraires ? »

B Les pistes de réflexion

Si vous avez l'habitude de préparer des missions d'audit légal, vous savez comment calculer le nombre d'heures à effectuer (sauf demande de dérogation). Cependant, il y a un « piège ». En effet, quelles sont les structures concernées par le barème légal ? Pas forcément les associations…

C La lecture du texte de référence

La mission du commissaire aux comptes est une mission légale. Le barème des honoraires est déterminé par le Code de commerce. Vous pouvez donc trouver l'information dans le *Mémento Audit* (éditions Francis Lefebvre) ou directement dans le Code de commerce si vous savez où chercher.

L'article R. 823-17 du Code de commerce prévoit que du barème d'heures prévu à l'article R. 823-12 sont exclues les « *associations et fondations lorsqu'elles sont tenues ou lorsqu'elles décident d'avoir un commissaire aux comptes* ».

En l'absence d'obligation légale de détermination du budget d'heures, celle-ci est librement déterminée par le CAC et l'association auditée. Sur quel autre texte pourriez-vous vous appuyer ? Peut-être la NEP 210 relative à la lettre de mission qui précise notamment que la lettre de mission doit contenir « *le budget d'honoraires et les conditions de facturation* ».

D La proposition de réponse

L'article R. 823-17 du Code de commerce prévoit que les associations et fondations ne sont pas concernées par le budget d'heures prévu à l'article R. 823-12 du Code de commerce.

En l'absence d'obligations légales, la crèche Doudounet et M. Carpe détermineront d'un commun accord le budget d'honoraires et celui-ci sera mentionné dans la lettre de mission, conformément aux dispositions prévues par la NEP 210.

V Question 1.5 – Les formalités à réaliser consécutivement à la nomination en tant que CAC

A La question

« Quelle démarche, vis-à-vis de son instance professionnelle, M. Didier Carpe doit-il effectuer dès sa nomination au titre de l'exercice 2019 ? »

B Les pistes de réflexion

Il s'agit d'une question de déontologie. Soit vous connaissez la réponse, auquel cas vous savez que la réponse se trouve dans le Code de commerce, soit vous ne voyez pas du tout. Dans ce cas, vous pouvez appuyer votre réflexion sur l'ouvrage *Carré DEC 1 – Réglementation professionnelle et déontologie*, de Gérard Lejeune et Jean-Pierre Emmerich (Gualino-Lextenso), notamment Chapitre 17 : « *La nomination, l'acceptation des fonctions et la lettre de mission du commissaire aux comptes* ».

C La lecture du texte de référence

Le Code de commerce, dans son article R. 823-2, mentionne : « *Tout commissaire aux comptes chargé d'une mission de certification des comptes auprès d'une personne ou entité notifie dans le délai de huit jours sa nomination au conseil régional de la compagnie dont il est membre, soit par lettre recommandée avec demande d'avis de réception soit par voie électronique. Dans ce dernier cas, le conseil régional accuse sans délai réception de la notification en mentionnant la date de la réception. Le conseil régional communique l'information au Conseil national. Si le commissaire aux comptes ou la société de commissaire aux comptes à laquelle il appartient transfère son domicile ou son siège hors du ressort de la cour d'appel près de laquelle se trouve la compagnie régionale à laquelle il est rattaché, il renouvelle cette déclaration de mandat au conseil régional de sa nouvelle compagnie régionale de rattachement, dans les formes prévues à l'alinéa précédent.* »

D La proposition de réponse

Dans les huit jours qui suivent sa nomination en tant que CAC de la crèche Doudounet, M. Carpe doit informer, conformément aux dispositions de l'article R. 823-2 du Code de commerce, par LRAR ou par voie électronique, la CRCC de Poitiers.

Fiche 12
DEUXIÈME EXEMPLE DE CAS PRATIQUE COMMENTÉ (EXPERTISE COMPTABLE)

Le sujet et les questions sont issus des annales du DEC de mai 2015 – dossier 3.

I Lecture du sujet

A Le sujet

« Vous êtes l'assistant de la société d'expertise comptable et de commissariat aux comptes Grimm et Perrault.

M. Charles Perrault, votre maître de stage, a été contacté par Mme Pénélope Papas, gérante de la SARL Société Immobilière Cyclades (SIC), car elle envisage de s'attacher les services d'un cabinet d'expertise comptable afin que celui-ci l'assiste ponctuellement et réponde à ses interrogations en matière comptable et accessoirement fiscale et sociale. »

« La société, par actions simplifiées, Nikos est une entreprise qui emploie 45 salariés et qui fabrique des chaussures de sport haut de gamme. Ces vingt dernières années, elle a changé plusieurs fois de propriétaires et de majorité. Elle a également ouvert des filiales dans plusieurs pays de l'Union européenne (Irlande, Belgique, Luxembourg) et en Corée du Sud. Son président-directeur général, M. Lecompte-Harrebourg, vient de recevoir un avis de vérification de comptabilité modèle 3927-SD en recommandé avec accusé de réception (annexe 6) ainsi que la charte des droits et obligations du contribuable vérifié. L'administration fiscale lui demande, en référence à l'article L. 47 A I du Livre des procédures fiscales mis à jour par la loi de finances n° 2012-1510 du 29 décembre 2012 rectificative pour 2012, de présenter un certain nombre de documents, en particulier le fichier des écritures comptables de la société.

Sur les conseils de Mme Papas, M. Lecompte-Harrebourg vous contacte au sujet des implications comptables et fiscales de cette vérification de la société Nikos. Un extrait du Livre des procédures fiscales figure en annexe 7. »

B La piste de réflexion

L'énoncé traite clairement d'un sujet à dominante fiscale. Vous n'avez probablement pas apporté le *Livre des procédures fiscales* (qui ne figure d'ailleurs pas dans la liste indicative de documentation du présent ouvrage).

Cependant, vous devriez pouvoir vous en sortir avec le *Mémento Fiscal* (éditions Francis Lefebvre).

II Question 3.1 – La validité de l'avis de vérification fiscale

A La question

« Que pensez-vous du contenu de l'avis de vérification présenté à l'annexe 6 ? Présente-t-il des anomalies ? »

Extrait de l'annexe 6 : avis de vérification fiscale reçue par Nikos

« Affaire suivie par :

L'inspecteur des Finances publiques : René Tapdur Le 24 mars 2015,

Monsieur,

Conformément aux dispositions des articles L. 13 et L. 47 et, le cas échéant, L. 16 D du Livre des procédures fiscales et afin de procéder à la vérification :

- *de l'ensemble de vos déclarations fiscales ou opérations susceptibles d'être examinées et portant sur la période 1er janvier 2012 au 21 avril 2015 ;*

[…]

Je me présenterai à votre siège demain à 14 heures.

En cas d'empêchement, je vous remercie de m'en informer rapidement.

Je vous prie de bien vouloir tenir à ma disposition vos documents comptables et pièces justificatives. Si votre comptabilité est tenue au moyen de systèmes informatisés, vous devez me remettre les documents comptables sous la forme d'une copie des fichiers des écritures comptables conformes aux dispositions de l'article A. 47 A-1 du LPF. La copie des fichiers sera détruite à la fin des opérations de contrôle.

Je vous prie également de bien vouloir tenir à ma disposition l'ensemble des informations, données, traitements et documentation visée au IV de l'article L.13 du Livre des procédures fiscales.

Au cours de ce contrôle, vous avez ***la faculté de vous faire assister par votre avocat****. Pour votre information, un exemplaire de la Charte des droits et obligations du contribuable vérifié (millésime mai 2019)* *est joint. Cette charte rappelle notamment que vous vous exposez à des sanctions fiscales et pénales si vous-même ou des tiers mettez le vérificateur dans l'incapacité d'accomplir sa mission dans des conditions normales. De plus, toute agression physique ou verbale envers les agents des finances publiques est passible de poursuites judiciaires (art. 433-3 et 222-8 du Code pénal).*

Je me tiens à votre disposition pour vous fournir tous autres renseignements ou précisions. Vous pouvez prendre contact au : 01 38 42 56 01.

Si vous rencontrez des difficultés dans le déroulement et lors de la conclusion de cette vérification, vous pouvez vous adresser à l'Inspecteur principal des Finances publiques dont les coordonnées suivent : Robert Frapfor, Cité Administrative, 131, Faubourg du Poste, CS 54211, 75012 PARIS CEDEX 1 ; Tél. : 01 38 42 56 01.

Si, après ces contacts, des divergences importantes subsistent, vous pouvez faire appel à l'interlocuteur Karine Fetremal, administrateur des Finances publiques, dir. Poste, CS 4422, 75000 PARIS CEDEX 1 ; Tél. : 01 38 42 56 01, chargé(e) par le Directeur d'étudier personnellement les problèmes rencontrés par les contribuables à l'occasion des vérifications. »

B Les pistes de réflexion

Tout d'abord, certaines choses vous choquent peut-être. Imaginez que vous receviez un tel document par mail d'un de vos clients. On lui annonce que le contrôleur fiscal interviendra chez lui le lendemain – si tant est qu'il ait reçu le courrier à temps. Vous n'aurez peut-être pas le temps de vous libérer pour l'assister, lui de se préparer et de préparer de manière concertée la documentation nécessaire… Ainsi, la problématique est la suivante : quel est le délai légal raisonnable entre l'envoi de l'avis de vérification et le début des contrôles ?

Par ailleurs, vous le savez probablement, l'assistance en cas de vérification fiscale fait partie des missions que peut réaliser l'expert-comptable. Vous-même, vous avez peut-être déjà participé à une telle mission. Or, en gras, il est précisé que le contribuable peut se faire assister par un avocat. Est-ce seulement par un avocat ? Ainsi, la problématique logique qui se dégage est la suivante : qui peut assister le contribuable dans le cadre d'une procédure de vérification fiscale ?

La question posée est principalement du ressort de la fiscalité. La réponse doit probablement se trouver dans le *Mémento Fiscal*. Dans la table alphabétique, à « *vérification fiscale* » on peut lire : « *vérification : vérification de comptabilité* […] *vérification de la situation fiscale personnelle* […] *rapport de vérification* […] *autre rubrique : contrôle fiscal* ». En cherchant à « *vérification fiscale, garantie des contribuables* » paragraphes 79400 et suivants, nous devrions trouver des éléments de réponse intéressants. Dans tous les cas, la réponse se trouve normalement dans la partie « *CF : Contrôle Fiscal* » du *Mémento Fiscal*.

C La lecture du texte de référence

Il est écrit que « *la violation des garanties prévues par la loi entache en principe d'irrégularité la procédure d'imposition* ».

Selon l'article L. 47 du Livre des procédures fiscales, l'avis de vérification doit, sauf contrôles inopinés :

- préciser les années soumises à vérification ;
- mentionner expressément, sous peine de nullité de la procédure en cours, que le contribuable a la faculté de se faire assister par un conseil au cours de la vérification.

En outre :

- le contribuable doit être averti en temps utile pour que celui-ci soit en mesure de faire appel, s'il le souhaite, à un conseil de son choix. « *Selon le Conseil d'État, le contribuable doit bénéficier d'au moins deux jours pleins entre la date de réception de l'avis de vérification et celle à laquelle commence effectivement le contrôle, étant précisé que les samedis, dimanches et jours fériés ne doivent pas être retenus dans le décompte du délai (notamment CE 14-3-1990 n° 65 110, RJF 5/90 n° 574 et CE 2-10-2002 n° 22438, RJF 12/02 n° 1348)* » ;
- l'avis de vérification mentionne le nom des supérieurs hiérarchiques du vérificateur, à savoir l'inspecteur divisionnaire ou principal et l'interlocuteur spécialement désigné ;
- « *L'avis informe le contribuable que la charte des droits et obligations du contribuable vérifié peut être consultée sur le site internet de l'administration fiscale ou lui être remise sur simple demande.* »

Dans les autres paragraphes de la section « *CF : contrôle de l'impôt* », nous lisons également que :

- la vérification a lieu, en principe, dans les locaux de l'entreprise qui fait l'objet d'un contrôle ;
- sauf exception (TVA relevant du régime simplifié d'imposition), la vérification ne peut être engagée qu'au titre d'une année pour laquelle le délai de déclaration n'est pas encore expiré ;
- les articles L. 13 et L. 47 A § 1 du Livre des procédures fiscales, « *Lorsque la comptabilité est tenue au moyen de systèmes informatisés, le contribuable qui fait l'objet d'une vérification de comptabilité satisfait à l'obligation de représentation des documents comptables mentionnés au premier alinéa de l'article 54 du Code général des impôts en remettant au début des opérations de contrôle, sous forme dématérialisée répondant à des normes fixées par arrêté du ministre chargé du budget, une copie des fichiers des écritures comptables définies aux articles 420-1 et suivants du Plan comptable général.* »

Par ailleurs, l'avis de vérification :

- mentionne expressément que le contribuable a la possibilité de se faire assister d'un conseiller de son choix ;
- doit être envoyé à l'adresse des locaux professionnels du contribuable sous pli recommandé ;
- précise les identités du vérificateur, de l'inspecteur principal et de l'interlocuteur départemental et qu'il a été remis au contribuable la *Charte des droits des obligations du contribuable* vérifiée.

D La proposition de réponse

À la lecture de l'avis de vérification, on constate la présence des irrégularités suivantes :

- contrairement aux dispositions de l'article L. 47 du Livre des procédures fiscales, l'avis indique que le conseiller choisi par le contribuable en vue de l'assister au cours de la procédure se limite aux avocats alors qu'il peut se faire assister de n'importe quel conseiller professionnel (un expert-comptable par exemple) ou un conseil personnel (un conjoint par exemple). Sans cette mention, la procédure est nulle ;
- il aurait été préférable que l'avis soit envoyé en lettre recommandée avec accusé de réception ;
- il n'a pas été instauré un délai suffisant entre la date de réception de l'avis de vérification et le début des contrôles. Ce délai est en effet inférieur au délai fixé par la jurisprudence (notamment *CE 14-3-1990 n° 65 110, RJF 5/90 n° 574 et CE 2-10-2002 n° 22438, RJF 12/02 n° 1348*) afin que le contribuable puisse porter son choix sur un conseil l'accompagnant au cours de la vérification de comptabilité. Ce délai doit en effet être *a minima* de deux jours pleins ouvrés ;
- la période soumise à vérification va au-delà de la date de début des contrôles ce qui est incohérent.

III Question 3.2 – Le fichier des écritures comptables (FEC)

A La question

« Depuis 2006, l'administration fiscale a demandé au législateur d'adapter et de renforcer les lois et règlements mis à disposition pour contrôler les comptabilités informatisées, ce qui a été fait par une loi de finances rectificatives en 2012.

En matière de vérification de comptabilité, en quoi consiste l'obligation de présentation de la comptabilité sous forme de fichiers ? Quelles sont les entreprises concernées ? »

B Les pistes de réflexion

Cette question est relativement simple et ne nécessite pas d'esprit critique de votre part. En effet, l'obligation de présentation de la comptabilité sous forme de fichiers informatiques est généralement connue, consécutivement à la médiatisation intervenue dans nos différentes revues professionnelles.

L'administration fiscale a limité les cas d'exemption de présentation du FEC. En conséquence, il faut être vigilant sur la forme sociale de l'entité pour laquelle vous apportez une réponse. En effet, l'examinateur peut avoir essayé de tester votre vigilance à travers un cas d'exemption. Ce n'est pas le cas ici.

C La lecture du texte de référence

Les contribuables doivent présenter leur comptabilité sous forme dématérialisée, dès lors que cette dernière est tenue sous cette forme. Cette obligation vaut pour tous les contribuables soumis par le Code général des impôts à l'obligation de tenir et de présenter des documents comptables à l'exception des entreprises soumises au régime forfaitaire des bénéfices agricoles.

Selon les articles L. 13 et L. 47 A du Livre des procédures fiscales, comme nous l'avons vu précédemment « *Lorsque la comptabilité est tenue au moyen de systèmes informatisés, le contribuable qui fait l'objet d'une vérification de comptabilité satisfait à l'obligation de représentation des documents comptables mentionnés au premier alinéa de l'article 54 du Code général des impôts en remettant au début des opérations de contrôle, sous forme dématérialisée répondant à des normes fixées par arrêté du ministre chargé du budget, une copie des fichiers des écritures comptables définies aux articles 420-1 et suivants du Plan comptable général.* »

D La proposition de réponse

Conformément aux dispositions des articles L. 13 et L. 47 A du Livre des procédures fiscales : « *Lorsque la comptabilité est tenue au moyen de systèmes informatisés, le contribuable qui fait l'objet d'une vérification de comptabilité satisfait à l'obligation […] en remettant au début des opérations de contrôle […] une copie des fichiers des écritures comptables définies aux articles 420-1 et suivants du Plan comptable général.* » Ce fichier doit être présenté sous un format spécifique prévu par le Livre des procédures fiscales. Cette obligation concerne tous les contribuables soumis à l'obligation de tenir et présenter des documents comptables.

Au cas d'espèce, la SARL Nikos tenant *a priori* sa comptabilité sur un système informatisé, elle a l'obligation de remettre un FEC dématérialisé avant les opérations de contrôle, pour les exercices qui font l'objet d'un contrôle.

IV Question 3.3 – Régularité des enregistrements comptables

A La question

« *M. Lecompte-Harrebourg se demande quelles sont les dispositions légales relatives à la présentation du journal, du grand livre et du livre d'inventaire.*

D'une manière générale et indépendamment des supports informatiques, quelles sont les références réglementaires relatives aux enregistrements comptables ? »

B Les pistes de réflexion

Il s'agit d'une question avec une portée générale, qui demande de la part du candidat une culture générale professionnelle. Il n'est pas question, ici, des supports informatiques, donc par extension ni du FEC, ni de questions du type validation des écritures comptables. On vous demande ici, de citer les sources et surtout pas de recopier les règles.

Quand vous ne savez pas par où commencer une recherche liée à la comptabilité, le plus simple est de commencer vos recherches par le Mémento Comptable (éditions Francis Lefebvre). Dans la table alphabétique, à « Comptabilité » est indexé un paragraphe « *Tenue de la comptabilité : conditions de forme : 302 s., 420 (tableau récapitulatif)* ».

Vous pouvez également utiliser *le Code comptable et incidences fiscales de 2018*, publié par l'Ordre des experts-comptables. Les différentes sources y sont citées dans les premières pages de l'ouvrage.

C La lecture du texte de référence

Les principes généraux de la tenue comptable sont principalement issus :

- du Code de commerce ;
- du Plan comptable général et de plans généraux sectoriels ;
- du Code général des impôts pour la partie fiscale.

Les conditions de formes de la tenue de la comptabilité sont régies par :

- l'article L. 123-12 du Code de commerce :
  - enregistrement comptable chronologique des mouvements affectant le patrimoine des personnes morales ayant la qualité de commerçants,
  - inventaire tous les douze mois (et traduction comptable) ;
- l'article R. 123-173 du Code de commerce, repris par le PCG, article 912-1 : tenue du livre journal et du grand livre ;
- l'article L. 123-22 du Code de commerce et PCG : caractéristiques de tenue de ces livres ;
- l'article L. 123-14 alinéa 1 du Code de commerce : obligation de régularité, sincérité et image fidèle ;
- le suivi du Plan comptable général (règlements ANC 2014-03 et 2015-06) ;
- l'article L. 123-25 du Code de commerce : possibilité de tenir une comptabilité de trésorerie au cours de l'année sous conditions de seuils.

Pour aller plus loin, on peut également citer l'article R. 123-208 du Code de commerce : pour les personnes physiques qui bénéficient du régime réel simplifié, possibilité de valoriser les stocks à partir d'un prix de vente, déduction faite d'un abattement qui correspond à la marge pratiquée par l'entreprise sur chaque catégorie de biens et la possibilité de valoriser les travaux en cours en tenant uniquement compte des acomptes réclamés avant facturation.

D La proposition de réponse

Les références réglementaires relatives aux enregistrements comptables sont issues :

- du Code de commerce (par exemple, article R. 123-173) ;
- du Plan comptable général (règlements ANC 2014-03 et 2015-06) ;
- du Code général des impôts.

Nous pouvons également citer des sources légales issues du Code de commerce et notamment les articles L. 123-12, 14, 22 et 25.

Fiche 13 DEUXIÈME EXEMPLE DE CAS PRATIQUE COMMENTÉ (COMMISSARIAT AUX COMPTES)

Le sujet et les questions sont issus du dossier 1 des annales du DEC de novembre 2012. Les dates ont été actualisées.

I Lecture du sujet

A Le sujet

« Vous êtes en charge du dossier LE SPOT SA, rue du bord de mer, 97200 Fort de France, société dont M. Rolland est commissaire aux comptes. Cette société a pour activité principale la fourniture de produits pour les hôtels, cafés et restaurants.

Le bilan de la société LE SPOT SA, arrêté au 31 décembre 2018, présente les montants suivants :

Capital	150 000,00 € (1 500 actions de 100,00 €)
Total actif	1 500 000,00 €
Résultat net après impôt	71 200,12 €
Capitaux propres	361 200,12 € (y compris le résultat de la période)

Pour financer un important investissement, la société LE SPOT SA envisage de contracter un emprunt bancaire.

Les banquiers sollicités réclament des comptes prévisionnels pour la période 2020-2023 et souhaitent que ceux-ci soient examinés par le commissaire aux comptes.

En outre, et en raison de l'importance de l'emprunt, les banquiers requièrent des comptes intermédiaires arrêtés au 30 septembre 2019, également contrôlés par le commissaire aux comptes.

Enfin, la société LE SPOT SA informe ses actionnaires de son désir de renforcer ses capitaux propres.

Son principal fournisseur, la société AUNOREV SA, entreprise de torréfaction, très intéressée par le potentiel d'évolution de la société LE SPOT SA, accepterait de participer au capital. Il lui est proposé de convertir en actions la totalité de sa créance qui s'élève actuellement à 80 000 €.

Dans cette perspective, le conseil d'administration convoque une Assemblée générale extraordinaire au cours de laquelle il sera proposé la suppression du droit préférentiel de souscription attaché aux actions anciennes. L'augmentation de capital se réalisera sans délégation au conseil d'administration. On précise que la mission sur les comptes prévisionnels est menée à partir de la norme 4-101. »

B Les points importants

Avant d'aller plus loin, identifions les points importants du sujet :

– « *Monsieur Rolland est commissaire aux comptes* » : il s'agit d'un dossier d'audit, vous aurez donc normalement besoin de la documentation liée ;
– « *Les banquiers sollicités réclament des comptes prévisionnels pour la période 2020-2023 et souhaitent que ceux-ci soient examinés par le commissaire aux comptes* » : il s'agit d'un service autre que la certification des comptes. Les NEP pourraient vous être utiles ;
– « *Il lui est proposé de convertir en actions la totalité de sa créance [...] il sera proposé la suppression du droit préférentiel de souscription attaché aux actions anciennes.* » Il s'agit d'opérations sur le Capital. Au moins un des tomes de la NI V (Note d'Information V de la CNCC) vous sera donc, *a priori*, utile ;
– « *On précise que la mission sur les comptes prévisionnels est menée à partir de la norme 4-101.* » Il s'agit d'une norme du référentiel de 2003, qui vous sera donc nécessaire.

II Question 1.1 – L'obligation d'établir une lettre de mission

A La question

« *Le commissaire aux comptes est-il tenu d'établir une lettre de mission ?* »

B La piste de réflexion

Vous savez probablement que, oui, le CAC est toujours tenu d'établir une lettre de mission, qu'il s'agisse d'audit légal ou de services autres que la certification des comptes annuels. L'expert-comptable aussi, d'ailleurs, est tenu d'établir une lettre de mission quelle que soit la mission effectuée.

La question que vous devez vous poser est : « En application de quel texte le commissaire aux comptes doit-il établir une lettre de mission ? »

1 Hypothèse numéro 1

Vous ne savez vraiment pas. Dans ce cas, consultez le *Mémento Audit* (éditions Francis Lefebvre). À partir de la table alphabétique à la fin du *Mémento*, on constate le renvoi vers le paragraphe 26 520, qui renvoie à son tour au paragraphe 27 540 : « *[…] Que la mission soit réalisée dans le cadre de la certification légale, de diligences directement liées ou dans un cadre purement contractuel, la lettre de mission est en pratique impérative dans la mesure où elle permet de confirmer l'accord des parties (auditeur et entité) sur les termes et conditions de la mission.* » Ce paragraphe cite la NEP 210.

2 Hypothèse numéro 2

Vous avez une petite idée du texte de référence auquel le commissaire aux comptes doit rédiger une lettre de mission. Il s'agit d'une question générale, donc forcément liée à un texte général d'audit. Dès lors, cette information peut être présente dans le Code de déontologie ou dans une NEP.

Si vous regardez le Code de déontologie, il n'y a aucun article lié. Par contre, la NEP 210 s'intitule « *la lettre de mission du commissaire aux comptes* ».

C La lecture du texte de référence

Il est écrit dans la NEP 210 :

« *02. Pour favoriser le bon déroulement de la mission du commissaire aux comptes, il est nécessaire que ce dernier définisse les termes et conditions de ses interventions. À cet effet, il doit les consigner dans une lettre de mission […]*

07. Au cours de son mandat, le commissaire aux comptes […] détermine […] si les circonstances exigent sa révision, notamment pour les cas où il existerait […] la survenance d'un événement ou une demande de la personne ou de l'entité nécessitant des diligences supplémentaires du commissaire aux comptes […]

10. Dans certaines circonstances, le commissaire aux comptes doit compléter la lettre de mission en mentionnant les éléments suivants : […] en cas d'intervention s'inscrivant dans le cadre de diligences directement liées à la mission du commissaire aux comptes ou de missions légales particulières, la nature et l'étendue des travaux qu'il entend mettre en œuvre à ce titre. »

D La proposition de réponse

Si une entreprise envisage de confier à son commissaire aux comptes une mission relative à des services autres que la certification des comptes, celui-ci a l'obligation d'établir une lettre de mission dédiée ou un avenant à sa lettre de mission. Cette obligation est précisée dans la NEP 210.

En l'espèce et conformément aux dispositions de la NEP 210, M. Rolland doit adresser à la société une lettre de mission spécifique décrivant la nature et l'étendue des travaux qu'il entendra mettre en œuvre s'il lui est demandé d'examiner les comptes prévisionnels et intermédiaires.

III Question 1.2 – Le refus d'effectuer un SACC

A La question

« Le commissaire aux comptes est-il tenu de répondre à la demande de rapport des dirigeants sur les comptes prévisionnels ? »

B Les pistes de réflexion

On vous demande s'il est possible, pour un commissaire aux comptes, de refuser d'effectuer une mission entrant dans le cadre des services autres que la certification des comptes annuels. Là encore, il s'agit d'une question générale. Le sujet fait référence à la norme 4-101 du référentiel de 2003. La réponse peut donc s'y trouver. Des éléments de réponse devraient dans tous les cas se trouver dans les avis techniques de la CNCC relatifs aux services autres que la certification des comptes.

C La lecture du texte de référence

Des avis techniques relatifs aux missions autres que la certification des comptes prévoit tous que « *dans tous les cas, il peut refuser l'intervention* ». Le guide d'application établi par la CNCC le précise également : « *Dans tous les cas, le commissaire aux comptes peut refuser l'intervention.* »

Dans la norme 4-101 du référentiel de 2003, il est écrit « *11 – Le commissaire aux comptes sera conduit à ne pas répondre favorablement à la demande qui lui a été faite lorsque les hypothèses retenues lui apparaîtront manifestement irréalistes ou lorsqu'il estimera que les comptes prévisionnels ne sont pas appropriés pour l'utilisation qui en est prévue ou qu'il ne sera pas possible, notamment dans les délais proposés, de réunir les éléments probants pour fonder ses conclusions.* »

D La proposition de réponse

Le commissaire aux comptes n'est jamais tenu de répondre positivement à la sollicitation d'une entité pour effectuer une mission entrant dans le cadre des services autres que la certification des comptes.

La norme 4-101 du référentiel de 2003 prévoit, plus précisément dans son paragraphe 11, les cas dans lesquels, en l'espèce « *Le commissaire aux comptes sera conduit à ne pas répondre favorablement à la demande qui lui a été faite.* »

En l'espèce, M. Rolland peut refuser de se prononcer sur les comptes prévisionnels de la société.

IV Question 1.3 – Les diligences prévues par la norme 4-101

A La question

« *Quel est le document obligatoire que le commissaire aux comptes doit obtenir préalablement à la signature de son rapport ?* »

B Les pistes de réflexion

Dans le sujet, on vous parle de la norme 4-101. Deux hypothèses : soit vous avez la norme dans votre documentation, soit vous ne l'avez pas.

Dans le premier cas, c'est assez simple, vous devriez y trouver la réponse. Dans le second cas, bien que vous n'ayez pas la norme, il vous faut quand même impérativement répondre quelque chose. Plusieurs solutions s'offrent à vous : chercher des réponses dans l'ouvrage généraliste qu'est le *Mémento Audit* (éditions Francis Lefebvre), regarder dans les NEP, chercher une réponse qui vous semble logique…

Quand vous intervenez sur une mission d'audit légal, quel(s) document(s) demandez-vous systématiquement préalablement à la signature (et donc à la remise) du rapport ? Les comptes annuels, évidemment, puisqu'ils y sont annexés. Le projet de rapport de gestion des autres documents sur la situation financière et les comptes et des informations relevant du rapport sur le gouvernement d'entreprise adressés aux membres de l'organe appelé à statuer sur les comptes. Autrement, il est en effet compliqué de se prononcer dessus dans le cadre du rapport.

La déclaration de la direction, pour laquelle vous relancez systématiquement vos clients et avez même peut-être mis en place un tableau de suivi. Au vu de la mission dont il est ici question, la réponse la plus appropriée semble donc être : la déclaration de la direction.

C La lecture du texte de référence

La norme 4-101 se décompose comme suit :

- introduction ;
- établissement de comptes prévisionnels ;
- acceptation par le commissaire aux comptes d'effectuer un examen de comptes prévisionnels ;
- nature et objectifs de l'examen de comptes prévisionnels ;
- connaissance générale de l'entité et de son secteur d'activité ;

- examen du processus d'élaboration de comptes prévisionnels ;
- appréciation des hypothèses ;
- traduction chiffrée des hypothèses ;
- établissement et présentation de comptes prévisionnels ;
- lettre d'affirmation ;
- événements postérieurs ;
- rapport ;
- annexes : exemples de rapports.

Il y est notamment précisé : « *34. Au terme de ses travaux et avant la signature de son rapport, le commissaire aux comptes obtient des dirigeants une lettre d'affirmation, datée du même jour que son rapport.* »

D La proposition de réponse

Conformément aux dispositions de la norme 4-101, « *Au terme de ses travaux et avant la signature de son rapport, le commissaire aux comptes obtient des dirigeants une lettre d'affirmation, datée du même jour que son rapport.* » Le commissaire aux comptes doit donc demander une déclaration de la direction signée par le représentant légal de l'entreprise.

V Question 1.8 – L'augmentation de capital par compensation de créance

A La question

« *Mme Anne Odin vous précise qu'une SARL, dont M. Rolland est commissaire aux comptes, envisage également une augmentation de capital par compensation de créances. Le gérant de cette dernière s'interroge sur la nécessité de faire intervenir son commissaire aux comptes. Qu'en pensez-vous ?* »

B Les pistes de réflexion

Nous l'avons vu précédemment, s'il est question d'augmentation de capital, vous trouverez probablement des éléments de réponse dans l'un des tomes de la NI V de la CNCC. Si vous avez suivi nos conseils, vous avez donc sous la main une liste récapitulative des NI. Vous pouvez donc voir rapidement que le tome 2 s'intitule « *Libération d'une augmentation du capital par compensation avec des créances* ».

La question porte ici sur la mission du commissaire aux comptes d'une SARL dans le cadre d'une augmentation du capital par compensation avec des créances.

Sur le sommaire, on peut lire : « *1. Contexte de l'opération [...] 1.3 Obligation des sociétés [...] 1.31 Obligation des sociétés [...] 1.31.2 Société à responsabilité limitée [...] page 15* ». Notre réponse devrait donc s'y trouver.

C La lecture du texte de référence

Effectivement nous pouvons lire, page 15 de la NI V tome 2 de la CNCC : « *Bien que le Code de commerce ne l'ait pas prévu expressément, la jurisprudence ainsi que deux réponses ministérielles reconnaissent la possibilité de libérer la souscription d'une augmentation du capital d'une SARL par compensation avec des créances. Dans ce cas, il n'est pas prévu d'arrêté de compte, ni de certification par le ou par un commissaire aux comptes. Toutefois, dans l'hypothèse où, sur une base volontaire, la société demande l'intervention du commissaire aux comptes pour certifier l'exactitude de l'arrêté de compte et établir le certificat du dépositaire, il convient de se référer au 3.1 du présent tome concernant la nature des diligences à mettre en œuvre et les rapports à établir.* »

Au 3.1 de la NI, page 41, on peut lire la réponse à une question très proche de celle qui est ici posée, à savoir : « *Une SARL peut-elle procéder à une augmentation du capital libérée par compensation avec des créances et, en cas de réponse positive, quelle peut être l'intervention du commissaire aux comptes alors que rien n'est prévu par les textes légaux et réglementaires ?* »

D La proposition de réponse

Dans une SARL, en cas d'augmentation de capital par compensation de créance, la NI V tome 2 de la CNCC précise page 15 qu'il « *n'est pas prévu d'arrêté de compte, ni de certification par le ou par un commissaire aux comptes* » mais qu'une intervention du commissaire aux comptes peut avoir lieu sur une base volontaire.

En l'espèce, le gérant de la SARL peut donc demander à M. Rolland d'intervenir pour certifier l'exactitude de l'arrêté de comptes et établir le certificat du dépositaire. Il n'en est toutefois pas obligé.

Si le gérant de la SARL ne sollicite pas M. Rolland, ce dernier effectuera les contrôles relatifs aux mouvements intervenus sur le capital social dans le cadre de ses travaux visant à la certification des comptes annuels.

Fiche 14

TROISIÈME SUJET D'EXPERTISE COMPTABLE

Le sujet et les questions sont issus du dossier 2 des annales du DEC de mai 2019.

I Lecture du sujet

A Le sujet

« *Vous venez d'être nommé chargé de missions, après l'obtention de votre diplôme d'expertise-comptable, sous la responsabilité de Mme Francine GEERAERT, expert-comptable. Mme Francine GEERAERT suit plusieurs dossiers du secteur agricole. Elle vous demande d'analyser l'un de ceux-ci laissé en suspens par un collaborateur, M. Aimé LABRICOLE, parti en retraite. Vous disposez d'extraits du dossier de travail d'Aimé LABRICOLE (Annexes 3 et 4) ainsi qu'un résumé des caractéristiques essentielles des EARL (annexe 5).* »

B Les points importants

Avant d'aller plus loin, identifions les points importants du sujet :

- « *dossiers du domaine agricole [...] vous disposez d'[...]un résumé des caractéristiques essentielles des EARL* » : des questions vont probablement être posées sur les spécificités des entreprises agricoles. Des éléments de réponses devraient se trouver dans l'annexe 5. Il n'est en effet, en toute logique, pas attendu des candidats qu'ils aient des connaissances spécifiques liées aux EARL. Il faudra donc, comme c'est régulièrement le cas, être attentif aux informations figurant en annexe ;
- « *Vous disposez d'extraits du dossier de travail d'Aimé LABRICOLE* » : s'agissant d'un dossier d'expertise-comptable, le *Memento Comptable* devrait être utile.

II Question 2.1 – L'obligation d'établir des comptes annuels

A La question

« *L'EARL La Cascade est-elle tenue d'établir des comptes annuels ?* »

B La piste de réflexion

La problématique est simple : quelles sont les entités soumises à l'obligation d'établir des comptes annuels ?

L'EARL est-elle soumise à des dispositions spécifiques ce concernant ? La lecture de l'annexe 5 nous indique simplement « *l'EARL doit respecter les dispositions de l'article L. 612-1 du Code de commerce* ».

La réponse se trouve probablement :

– dans le Code de commerce, puisque les textes liés aux obligations comptables des commerçants et des non commerçants s'y trouvent. L'article L. 612-1 semble une piste pertinente ;

– dans le *Memento Comptabilité* Francis Lefebvre.

Dans ce dernier, si on cherche à « comptes annuels », le paragraphe 64 105 nous propose une « étude d'ensemble ». Effectivement, au paragraphe suivant, il est précisé : « *Est assujettie à l'établissement de comptes annuels toute personne physique ou morale ayant la qualité de commerçant (C. com., art. L. 123-12, al. 3). Il s'agit principalement des commerçants personnes physiques, des sociétés commerciales [...], des GIE à objet commercial.*

Les personnes morales de droit privé non commerçantes ayant une activité économique et ayant une certaine taille sont également concernées [...] ».

L'EARL n'étant par définition pas une société commerciale, il convient de se référer à cette notion de seuils.

C La lecture du texte de référence

L'article L. 612-1 du Code de commerce prévoit que « *Les personnes morales de droit privé non commerçantes ayant une activité économique dont le nombre de salariés, le montant hors taxes du chiffre d'affaires ou les ressources et le total du bilan dépassent, pour deux de ces critères, des seuils fixés par décret en Conseil d'État, doivent établir chaque année un bilan, un compte de résultat et une annexe* ».

Plus précisément, l'article R. 612-1 du Code de Commerce prévoit « *Les personnes morales de droit privé non commerçantes ayant une activité économique, [...] sont tenues d'établir des comptes annuels et de désigner au moins un commissaire aux comptes et un suppléant lorsqu'elles dépassent, à la fin de l'année civile ou à la clôture de l'exercice, les chiffres ci-dessous fixés pour deux des trois critères suivants :*

1° Cinquante pour le nombre de salariés ; [...]

2° 3 100 000 euros pour le montant hors taxes du chiffre d'affaires ou des ressources [...]

3° 1 550 000 euros pour le total du bilan [...]

Les personnes morales mentionnées au premier alinéa ne sont plus tenues à l'obligation d'établir des comptes annuels lorsqu'elles ne dépassent pas les chiffres fixés pour deux des trois critères définis ci-dessus pendant deux exercices successifs ».

Les données financières de l'EARL La Cascade étant précisé en annexe 4, il convient de les comparer aux seuils ci-avant.

D La proposition de réponse

L'article R. 612-1 du Code de commerce prévoit les seuils au-delà desquels l'établissement de comptes annuels est obligatoire pour une personne morale de droit privée non commerçante. L'EARL la Cascade dépassant deux de ces trois seuils (chiffre d'affaires > 3 100 000 euros et total bilan > 1 550 000 euros), elle est tenue d'établir des comptes annuels.

III Question 2.2 – Plan comptable applicable

A La question

« La gérante de l'EARL La Cascade a indiqué que le PCGA (Plan Comptable Général Agricole) est obsolète. C'est le PCG qui est en vigueur depuis 1 999. De plus, aucun plan comptable officiel n'est nécessaire dans une exploitation familiale. Que pensez-vous de ces affirmations ? »

B La piste de réflexion

Il y a ici deux affirmations auxquelles il faut répondre :

- « *C'est le PCG 1 999 qui est en vigueur* ». Quel est le plan comptable applicable à une EARL ?
- « *Aucun plan comptable officiel n'est nécessaire dans une exploitation familiale* ». L'application d'un plan comptable est-elle obligatoire, même dans une exploitation familiale ?

Instinctivement, on a envie de répondre qu'un plan comptable est d'application obligatoire. Cela semblerait en effet logique que ce référentiel commun doive être utilisé par toutes les entités soumises à l'obligation d'établir des comptes annuels. Mais en application de quel texte ? et ce plan comptable est-il le plan comptable général ou agricole ?

Là encore, la réponse devrait se trouver dans le Memento Francis Lefebvre Comptable. Des éléments de réponse peuvent bien évidemment également se trouver dans d'autres ouvrages (Code comptable, ouvrages liés aux domaines agricoles…).

Dans le Mémento, si l'on recherche à « *plan comptable général* » on a « *étude d'ensemble* », « *professionnels (prochaine caducité)* » et « *adaptation sectorielle* ». Dans cette section, il existe un paragraphe dédié à l'Agriculture. La réponse devrait s'y trouver.

C La lecture du texte de référence

On peut lire dans le Memento Francis Lefebvre, paragraphe 3070 : « *Homologués par arrêté ministériel […] le PCG (a) […] un caractère obligatoire. Des états financiers qui ne respecteraient pas cette réglementation ne pourraient être qualifiés de comptes et donc être présentés et publiés en tant que tels.* »

Puis, paragraphe 3165 « *Le Plan comptable général agricole (PCGA) a été approuvé par arrêté ministériel du 11 décembre 1986 après avoir donné lieu à un avis du CNC en date du 9 juillet 1986. Le PCGA :*

- *est recommandé pour l'ensemble des exploitations agricoles ;*
- *est obligatoire pour les sociétés commerciales à activité agricole et les personnes morales de droit privé non commerçantes à activité agricole tenues d'établir des comptes annuels.* »

Par ailleurs, et cela n'était pas demandé, le règlement ANC n° 2019-01 du 8 février 2019 stipule que « *Jusqu'à présent, les règles comptables relatives aux exploitations agricoles sont du ressort du Plan comptable général agricole (publié par arrêté du 11 décembre 1986) […] Au terme de ces travaux, le Plan comptable général agricole a vocation à être abrogé et cela en cohérence avec l'objectif du plan stratégique de l'ANC "Ambition 2019" de faire du PCG le règlement comptable de référence.* »

D La proposition de réponse

Les deux affirmations suivantes sont erronées : « *C'est le PCG 1999 qui est en vigueur* », « *Aucun plan comptable officiel n'est nécessaire dans une exploitation familiale* ».

En effet, l'application d'un plan comptable officiel est obligatoire pour toutes les personnes morales tenues d'établir des comptes annuels. Plus précisément, depuis son approbation par arrêté ministériel du 11 décembre 1986, le PCGA est obligatoire pour les personnes morales de droit privé non commerçantes à activité agricole tenues d'établir des comptes annuels.

IV Question 2.3 – Convocation par le président du Tribunal

A La question

« L'EARL La Cascade connaît des difficultés de nature à compromettre la continuité de l'exploitation. La gérante peut-elle être convoquée par le président du Tribunal de Commerce comme l'indique M. LABRICOLE dans sa note de travail ? »

B La piste de réflexion

La problématique est la suivante : quel est le Tribunal compétent ?

Des pistes de réflexion peuvent se trouver dans différents supports :

- le Code de commerce, puisqu'y sont traitées tant la question des entreprises en difficultés que celle des personnes morales de droit privé non commerçantes. Nous avons vu à la première question précédente que les articles concernés étaient les L. 612 et suivants. Une piste peut donc être de chercher directement dans le Code de commerce ;
- la note d'information III « le commissaire aux comptes et l'alerte ». En effet, même s'il s'agit d'un sujet d'expertise-comptable, le tribunal compétent doit y être précisé puisque c'est forcément au Président de ce tribunal que le commissaire aux comptes doit écrire dans le cadre de sa procédure d'alerte. C'est effectivement le cas, il y est question du président du Tribunal de grande instance ;
- dans un Memento Francis Lefebvre lié aux structures non commerciales, qu'il s'agisse des sociétés civiles ou des associations. Les textes applicables devraient en effet sensiblement être les mêmes.

C La lecture du texte de référence

L'article L. 611-2-1 du Code de Commerce prévoit que « *Les dispositions du I de l'article L. 611-2 sont applicables, dans les mêmes conditions, aux personnes morales de droit privé et aux personnes physiques exerçant une activité professionnelle agricole ou indépendante [...] Pour l'application du présent article, le tribunal de grande instance est compétent et son président exerce les mêmes pouvoirs que ceux conférés au président du tribunal de commerce.* »

D La proposition de réponse

Conformément aux dispositions de l'article L. 611-2-1 du Code de commerce, le tribunal compétent en matière de difficultés des EARL, personnes morales de droit privé non commerçantes ayant une activité agricole, est le Tribunal de Grande Instance. Son président exerce alors les mêmes pouvoirs que ceux conférés au président du Tribunal de commerce.

La gérante ne peut donc pas être convoquée par le président du Tribunal de commerce.

Fiche 15

SYNTHÈSE DES DIFFÉRENTES DURÉES DE VALIDITÉ

Pour votre information, les différentes durées de validité sont les suivantes :

- attestation de fin de stage : 6 ans ;
- conservation des résultats obtenus : 4 ans (8 sessions consécutives suivants celles d'obtention des notes concernées, à savoir supérieures ou égales à 10/20) ;
- agrément du sujet de mémoire : 2 ans (4 sessions successives à compter de la première session à laquelle le candidat est autorisé à se présenter).

Fiche 16

PROPOSITION DE RÉTROPLANNING (EN FONCTION DE LA DATE DE FIN DE VOTRE STAGE D'EXPERTISE COMPTABLE)

Les propositions ci-après prennent en compte :
- les dates d'inscription et les délais de réunion de la commission de stage ;
- le délai jugé nécessaire de préparation de l'épreuve (au moins huit semaines).

À titre informatif, la commission de stage (commission régionale), se réunit environ quatre à cinq fois par an : par exemple, en février, mai, juin, septembre et décembre.

Pour chaque session nous proposons deux exemples de rétroplanning :
- le premier, dans l'hypothèse où vous ne souhaiteriez présenter que les écrits ;
- le second, si vous souhaitez présenter les trois épreuves à la même session.

La note du jury aux candidats précise que « *Le sujet du mémoire doit être proposé à l'agrément du jury national six mois au moins avant la date de début des épreuves de la session au cours de laquelle le candidat souhaite soutenir.* »

Nous estimons qu'il faut plus d'un an de travail pour rédiger un mémoire de qualité.

V Session de mai

A Si vous souhaitez présenter uniquement les deux épreuves écrites (UE 1 et UE 2)

Fin novembre N–1	Finalisation des obligations de stage : – validation des *e-learning* ; – rapports de stage envoyés et validés par le contrôleur de stage ; – envoi de tous les documents nécessaires (et notamment des fiches de travaux professionnels) au service du stage.
Début février N	– recherche de formations éventuelles ; – point sur la documentation nécessaire ; – évaluation du budget temps et pécuniaire de la présentation des épreuves.

Fin février N	Clôture des inscriptions, date limite pour envoyer son dossier d'inscription
Début mars N	Inscriptions aux formations éventuelles (si ce n'est pas déjà fait)
Mi-mars N	Début des entraînements sur les annales en condition d'examen
Fin avril N	Documentation à emmener le jour J sélectionnée, achetée/empruntée et annotée
Quelques jours avant l'épreuve	– documentation rangée et ordonnée dans la valise ; – liste des documents à emmener le jour J vérifiée (cf. *Check-list* ci-après).

B Si vous souhaitez présenter les trois UE à la même session

fin décembre N–2	– choix du sujet de mémoire arrêté, rédaction de la notice commencée ; – recherches documentaires commencées, planning de rédaction et de recherche établi.
début novembre N–1	Envoi de la notice au SIEC : demande d'agrément par le jury national
fin novembre N–1	Finalisation des obligations de stage : – validation des *e-learning* ; – rapports de stage envoyés et validés par le contrôleur de stage ; – envoi de tous les documents nécessaires (et notamment des fiches de travaux professionnels) au service du stage.
Début janvier N	Vous devriez normalement avoir reçu la réponse à la demande d'agrément de la notice, le résultat de la demande d'agrément étant communiqué dans un délai de deux mois à compter de la date de l'accusé de réception.
Fin janvier N	Mémoire d'expertise comptable terminé, envoyé pour relecture aux personnes de votre choix.
Mi-janvier N	Inscriptions aux formations éventuelles (si ce n'est pas déjà fait) notamment dans le cadre du mémoire, les coachs étant régulièrement très sollicités.
Début février N	– recherche de formations éventuelles ; – point sur la documentation nécessaire ; – évaluation du budget temps et pécuniaire de la présentation des épreuves.
Début février N	Dépôt du mémoire d'expertise comptable chez l'imprimeur
Fin février N	Clôture des inscriptions, date limite pour envoyer son dossier d'inscription
Mi-mars N	Début des entraînements sur les annales
Fin avril N	Documentation à emmener le jour J sélectionnée, achetée/empruntée et annotée
Quelques jours avant l'épreuve	– documentation rangée et ordonnée dans la valise ; – liste des documents à emmener le jour J vérifiée (cf. *Check-list* ci-après).

VI Session de novembre

A Si vous souhaitez présenter uniquement les deux épreuves écrites (UE 1 et UE 2)

Mi-mai N–1	Finalisation des obligations de stage : – validation des *e-learning* ; – rapports de stage envoyés et validés par le contrôleur de stage ; – envoi de tous les documents nécessaires (et notamment des fiches de travaux professionnels) au service du stage.
Début août N	– recherche de formations éventuelles ; – point sur la documentation nécessaire ; – évaluation du budget temps et pécuniaire de la présentation des épreuves.
Fin août N	Clôture des inscriptions, date limite pour envoyer son dossier d'inscription
Début septembre N	Inscriptions aux formations éventuelles (si ce n'est pas déjà fait)
Mi-septembre N	Début des entraînements sur les annales
Fin octobre N	Documentation à emmener le jour J sélectionnée, achetée/empruntée et annotée
Quelques jours avant l'épreuve	– documentation rangée et ordonnée dans la valise ; – liste des documents à emmener le jour J vérifiée (cf. *Check-list* ci-après).

B Si vous souhaitez présenter les trois UE à la même session

Début avril N–1	– choix du sujet de mémoire arrêté, notice commencée ; – recherches documentaires commencées, planning de rédaction et de recherche établi.
Fin avril N	Envoi de la notice au SIEC : demande d'agrément par le jury national.
Mi-mai N	Finalisation des obligations de stage : – validation des *e-learnings* ; – rapports de stage envoyés et validés par le contrôleur de stage ; – envoi de tous les documents nécessaires (et notamment des fiches de travaux professionnels) au service du stage.
Fin juin N	Vous devriez normalement avoir reçu la réponse à la demande d'agrément de la notice, le résultat de la demande d'agrément étant communiqué dans un délai de deux mois à compter de la date de l'accusé de réception.
Début juillet N	Inscriptions aux formations éventuelles (si ce n'est pas déjà fait) notamment dans le cadre du mémoire, les coachs étant régulièrement très sollicités.

Mi-juillet N	Mémoire d'expertise comptable terminé, envoyé pour relecture aux personnes de votre choix.
Début août N	– recherche de formations éventuelles ; – point sur la documentation nécessaire ; – évaluation du budget temps et pécuniaire de la présentation des épreuves.
Dernière quinzaine d'août N	Dépôt du mémoire d'expertise comptable chez l'imprimeur.
Fin août N	Clôture des inscriptions, date limite pour envoyer son dossier d'inscription.
Mi-septembre N	Début des entraînements sur les annales.
Fin octobre N	Documentation à emmener le jour J sélectionnée, achetée ou empruntée et annotée.
Quelques jours avant l'épreuve	– documentation rangée et ordonnée dans la valise ; – liste des documents à emmener le jour J vérifiée (cf. *Check-list* ci-après).

Fiche 17

LISTE INDICATIVE DE DOCUMENTATION À APPORTER

Avant de vous lancer dans de folles impressions, nous vous invitons à relire nos développements du chapitre 3, sur le temps à passer par dossier, page 33.

REMARQUE

L'accès à certains documents nécessite de disposer d'un compte utilisateur détenu par un commissaire aux comptes ou expert-comptable inscrit.

Nous avons divisé la liste de documentation en trois thématiques : expertise comptable, commissariat aux comptes et documentation commune expertise comptable et commissariat aux comptes. Pour ces trois thématiques, nous avons distingué la documentation que nous considérons comme incontournable, celle que nous considérons comme secondaire et enfin celle qui nous semble facultative. La documentation incontournable est reprise au Chapitre 18, p. 141. Cette nomenclature repose uniquement sur nos expériences personnelles et n'est fournie qu'à titre indicatif : elle ne constitue pas une liste exhaustive et ne présente aucun caractère officiel.

Bien entendu, en tant que futur professionnel, nous vous invitons à faire preuve d'esprit critique dans vos choix avant toute impression, mais également à bien vérifier que vous disposez de la dernière version des ouvrages (notamment si vous passez l'épreuve pour la deuxième fois).

Afin de faciliter la récupération de la documentation, nous avons utilisé le raccourcisseur d'URL *bit.ly* afin d'éviter de saisir la longue URL standard. Il vous suffit de recopier l'adresse URL raccourcie dans votre navigateur, ce qui vous permettra, nous l'espérons, de gagner un temps précieux !

I Expertise comptable

A Documentation incontournable

- ***Le Code de déontologie***

  http://www.legifrance.gouv.fr/affichTexte.do?cidTexte=JORFTEXT000025596222

  http://bit.ly/1Z61RAa

- ***L'ordonnance du 19 septembre 1945***

  https://www.legifrance.gouv.fr/affichTexte.do?cidTexte=JORFTEXT000000698851

  http://bit.ly/1sFMRhP

- ***Ces textes peuvent également être trouvés dans l'ouvrage Réglementation de l'expertise comptable (mis à jour en mai 2019)***

  http://www.bibliordre.fr/67congres/medias/publications/files/all/1559039799Reglementation_052019.pdf

  https://bit.ly/2VYZ41B

  Cet ouvrage doit être complété par le Décret n° 2019-1193 du 19 novembre 2019 modifiant le décret n° 2012-432 du 30 mars 2012 relatif à l'exercice de l'activité d'expertise comptable

  https://www.legifrance.gouv.fr/affichTexte.do?cidTexte=JORFTEXT000039397838

  https://bit.ly/2s2PVdm

- ***Le référentiel normatif 2019 (mis à jour en octobre 2019)***

  http://www.bibliordre.fr/67congres/medias/publications/files/all/1568363601Referentiel_normatif_2019.pdf

  https://bit.ly/2N3ggi6

B Documentation secondaire

- ***Exercice professionnel et déontologie (édition 2019)***

  http://www.bibliordre.fr/67congres/medias/publications/files/all/1568288675Exercice_pro_deontologie_2019.pdf

  https://bit.ly/2Bs7Hs2

- ***Guide pratique : la profession d'expert-comptable après la loi Pacte***

  http://www.bibliordre.fr/67congres/medias/publications/files/all/1568966815EC_LoiPacte_2019.pdf

  https://bit.ly/2Jbmqf9

- ***Guide pratique : mission d'évaluation d'une entreprise (édition 2016)***

  http://www.bibliordre.fr/67congres/medias/publications/files/ouvrages/Guide-mission-evaluation_2016.pdf

  http://bit.ly/2fjZtrq

- ***Guide pratique : La protection des données personnelles à l'usage des experts-comptables (édition juin 2019)***

  http://www.bibliordre.fr/67congres/medias/publications/files/all/1568297564protection_donnees_personnelles_2019.pdf

  https://bit.ly/2VZRMdS

- ***Guide de la dématérialisation : facture électronique, bulletin de paie électronique, coffre-fort numérique et archivage électronique (édition 2019)***

  http://www.bibliordre.fr/67congres/medias/publications/files/all/1568290077Guide_dematérialisation_2019.pdf

  https://bit.ly/31ACddV

C Documentation facultative (que nous ne vous recommandons pas nécessairement d'apporter mais qui peut vous être utile)

- ***Guide des missions dans le cadre des comptes de campagne (édition 2016)***

  http://www.bibliordre.fr/67congres/medias/publications/files/ouvrages/Comptes-de-campagne-2016_2.pdf

  http://bit.ly/2wuGnHG

- ***Guide des missions de l'expert-comptable auprès du Comité social et économique (CSE), prévues par la loi et le règlement (édition 2018)***

  http://www.bibliordre.fr/67congres/medias/publications/files/all/1530017032guide_mission_CSE_06_2018.pdf

  https://bit.ly/2WLJma8

- ***Environnement réglementaire du Comité social et économique***

  http://www.bibliordre.fr/environnement-cse.html

- ***Guide pratique : Mandat fiscal (édition 2017)***

  http://www.bibliordre.fr/67congres/medias/publications/files/all/1504693117Mandat_fiscal_2017.pdf

  http://bit.ly/2iduvC2

- ***Guide pratique : le tiers de confiance (édition 2017)***

  http://www.bibliordre.fr/67congres/medias/publications/files/all/1504692872Tiers_de_confiance_2017.pdf

  http://bit.ly/2ifnVKP

- ***Guide pratique : Assistance à l'établissement des déclarations fiscales des personnes physiques (édition 2017)***

  http://www.bibliordre.fr/67congres/medias/publications/files/all/1504693498assistance-etablissement-declarations-fiscales-personnes-physiques-2017.pdf

  http://bit.ly/2xxFnAI

- ***Guide pratique : la mission de présentation des comptes, en pratique (édition 2019)***

  http://www.bibliordre.fr/67congres/medias/publications/files/all/1568797098mission-presentation-comptes_2019.pdf

  https://bit.ly/2PdunnI

- ***Règlement n° 2014-03 relatif au plan comptable général – version consolidée au 1er janvier 2019***

  http://www.anc.gouv.fr/files/live/sites/anc/files/contributed/ANC/1.%20Normes%20françaises/Recueils/Recueil%20comptable%20entreprises/2019/PCG_2019.pdf

  https://bit.ly/2VPD6MW

- ***Règlement n° 2019-07 du 7 juin 2019 – modifiant le règlement ANC n° 2014-03 relatif au plan comptable général concernant les documents de synthèse des moyennes entreprises***

  http://www.anc.gouv.fr/files/live/sites/anc/files/contributed/ANC/1.%20Normes%20françaises/Reglements/2019/Reglt_2019_02/Reglt_2019_02_PCG_Moy_Ent.pdf

  https://bit.ly/33UtEfz

- ***Règlement n° 2018-06 du 5 décembre 2018 – Relatif aux comptes annuels des personnes morales de droit privé à but non lucratif***

  https://www.associations.gouv.fr/IMG/pdf/reglt_2018-06_association.pdf

  https://bit.ly/2JaSjVc

- ***Expertise comptable et secret professionnel (édition 2019)***

  http://www.bibliordre.fr/67congres/medias/publications/files/all/1568297882secret-professionnel-expertise-comptable_2019.pdf

  https://bit.ly/2By4hDW

- ***La lettre de mission, en pratique (édition février 2018)***
  http://www.bibliordre.fr/67congres/medias/publications/files/all/1518698054La_lettre_de_mission_2018.pdf
  https://bit.ly/2Tsu1cd
- ***Acceptation et maintien des missions, en pratique (édition 2019)***
  http://www.bibliordre.fr/67congres/medias/publications/files/all/1568724975acceptation-maintien-des-missions_2019.pdf
  https://bit.ly/2qqyMcH
- ***Guide sur les obligations environnementales sociales et sociétales (édition 2015)***
  http://www.bibliordre.fr/67congres/medias/publications/files/ouvrages/Guide-RSE-2015.pdf
  http://bit.ly/2fhUV1x
- ***Conseil Sup'Services : Missions/Accompagnement/Performance [Le lien affiche une page « ComptExpert Le compte utilisateur unique des sites de l'Ordre »]***
  https://extranet.experts-comptables.org/dossiers
  https://bit.ly/2T5rFEa
- ***Guide pratique de l'évaluation d'une marque (édition 2016)***
  http://www.bibliordre.fr/67congres/medias/publications/files/ouvrages/evaluation_marque_2016.pdf
  http://bit.ly/2wuVFfN
- ***Le fichier des écritures comptables et l'archivage des comptabilités informatisées (édition 2019)***
  http://www.bibliordre.fr/67congres/medias/publications/files/all/1569941156guide-FEC-2019.pdf
  https://bit.ly/2VZwLzS
- ***Les associations***
  http://www.bibliordre.fr/associations.html
- ***Le rapport de fin de mission, en pratique (édition 2017)***
  http://www.bibliordre.fr/67congres/medias/publications/files/all/1510756734rapport-fin-mission_2017.pdf
  http://bit.ly/2jJQ7pU
- ***Guide de l'accompagnement des entreprises en difficulté (édition 2018)***
  http://www.bibliordre.fr/67congres/medias/publications/files/all/1538393843entreprises_difficultes_2018.pdf
  https://bit.ly/2D1ejOc

- ***Code comptable et incidences fiscales 2019***

  http://www.bibliordre.fr/code_comptable.html

- ***Guide des missions de l'expert-comptable dans le secteur public (édition 2019)***

  http://www.bibliordre.fr/67congres/medias/publications/files/all/1569249712mission-EC-secteur-public-2019.pdf

  https://bit.ly/32BRAnt

- ***Innovation et compétitivité : missions pour l'expert-comptable (édition 2019)***

  http://www.bibliordre.fr/67congres/medias/publications/files/all/1568289345guide_innovation-competitivite_2019.pdf

  https://bit.ly/2MZewXs

II Commissariat aux comptes

A Documentation incontournable

- ***Code de commerce (par exemple, celui édité par les éditions Dalloz ou par LexisNexis)***

  https://www.legifrance.gouv.fr/affichCode.do;jsessionid=1FDE5C685226A2514D043C1BC5C4BFFC.tplgfr27s_3?cidTexte=LEGITEXT000005634379&dateTexte=20191205

  https://bit.ly/2PimdsC

- ***Code de déontologie (à jour du décret n° 2017-540 du 12 avril 2017)***

  https://www.legifrance.gouv.fr/affichCodeArticle.do;jsessionid=E96D42380523036E3549B3E16A4CC892.tpdila07v_1?idArticle=LEGIARTI000034427470&cidTexte=LEGITEXT000005634379&categorieLien=id&dateTexte=

  http://bit.ly/2ezgcd0

- ***Avis technique sur la mission de commissariat aux apports (janvier 2011)***

  https://doc.cncc.fr/docs/avis-technique-la/attachments/avis-technique-commissariat-aux-apports

  http://bit.ly/1PjEIKx

- ***Avis technique sur la mission de commissariat à la fusion (décembre 2010)***

  https://doc.cncc.fr/docs/avis-technique-la7312/attachments/avis-technique-commissariat-a-la-fusion

  http://bit.ly/1spTZil

- ***Avis technique – la mission du commissaire à la fusion, à la scission ou aux apports dans les associations et les fondations (mai 2016)***

  https://doc.cncc.fr/docs/avis-technique-la-mission-du-com/attachments/at-fusions-associations-fondations-mai-2016

  http://bit.ly/1UueKTu

- ***Avis technique : CARPA aide juridique***

  https://doc.cncc.fr/docs/avis-technique-carpa-aide-juridi/attachments/at-carpa-aj-nov-2018

  https://bit.ly/31C7 htM

- ***Avis technique – intervention du commissaire aux comptes relative aux opérations d'apport en nature dans les organismes de placement collectif immobilier***

  https://doc.cncc.fr/docs/at-apport-en-nature-opci/attachments/at-apports-en-nature-opci

  https://bit.ly/2o63tmJ

- ***Avis technique – intervention du commissaire aux comptes relative aux opérations d'apport en nature dans les organismes de placement collectif immobilier***

  https://doc.cncc.fr/docs/at-apport-en-nature-opci/attachments/at-apports-en-nature-opci

  https://bit.ly/2o63tmJ

- ***Avis technique – intervention du commissaire aux comptes relative aux opérations de liquidation dans les OPCI***

  https://doc.cncc.fr/docs/at-liquidation-opci/attachments/at-liquidation-opci

  https://bit.ly/2N16Jbp

- ***Avis technique – intervention du commissaire aux comptes relative aux opérations de fusion dans les OPCI***

  https://doc.cncc.fr/docs/at-fusion-opci/attachments/at-fusion-opci

  https://bit.ly/2MZBM7 H

- ***Avis technique – Prestations relatives aux informations sociales et environnementales entrant dans le cadre des SACC***

  https://doc.cncc.fr/docs/avis-technique-prestations-relat

  http://bit.ly/2xGMirT

- ***Avis technique : la mission du commissaire aux comptes dans les partis et groupements politiques entrant dans le champ d'application de la loi n° 88-227 du 11 mars 1988 modifiée (mise à jour avril 2019)***

  https://doc.cncc.fr/docs/mise-a-jour-de-lavis-technique-m/attachments/at-mission-dans-les-partis-et-groupements-politiques

  https://bit.ly/2MzMz9o

- ***Avis technique sur les délais de paiement***

  https://doc.cncc.fr/docs/avis-technique-delais-de-paiemen/attachments/at-delais-paiement-2017-07

  http://bit.ly/2ezIeFa

- ***Avis techniques : attestation relative aux prêts interentreprises (articles L. 511-6 et R. 511-2-1-3 du Code monétaire et financier)***

  https://doc.cncc.fr/docs/avis-technique-pretinterentrprises/attachments/at-pret-interenterprises

  https://bit.ly/2N0Fuhp

- ***Pratique professionnelle relative à la révélation des faits délictueux au procureur de la République***

  https://doc.cncc.fr/docs/pratique-professionn-4/attachments/pratique-professionnelle-revelation

  https://bit.ly/2eztyWL

- ***Communiqué de la CNCC relatif aux services autres que la certification des comptes***

  https://doc.cncc.fr/docs/communique-cncc-reference-aux-no

  http://bit.ly/2cMOAj3

- ***Les NEP***

  https://doc.cncc.fr/normes-exercice-professionnel

  https://bit.ly/341VuWA

NEP	Titre
NEP 100	Audit des comptes réalisés par plusieurs commissaires aux comptes
NEP 200	Principes applicables à l'audit des comptes mis en œuvre dans le cadre de la certification des comptes
NEP 210	La lettre de mission du commissaire aux comptes
NEP 230	Documentation de l'audit des comptes
NEP 240	Prise en considération de la possibilité de fraudes lors de l'audit des comptes
NEP 250	Prise en compte du risque d'anomalies significatives dans les comptes résultant du non-respect de textes légaux et réglementaires
NEP 260	Communications avec les organes mentionnés à l'article L. 823-16 du Code de commerce

NEP	Titre
NEP 265	Communication des faiblesses du contrôle interne
NEP 300	Planification de l'audit
NEP 315	Connaissance de l'entité et de son environnement et évaluation du risque d'anomalies significatives dans les comptes
NEP 320	Application de la notion de caractère significatif lors de la planification et de la réalisation d'un audit
NEP 330	Procédures d'audit mises en œuvre par le commissaire aux comptes à l'issue de son évaluation des risques
NEP 450	Évaluation des anomalies relevées au cours de l'audit
NEP 500	Caractère probant des éléments collectés
NEP 501	Caractère probant des éléments collectés (applications spécifiques)
NEP 505	Demandes de confirmation des tiers
NEP 510	Contrôle du bilan d'ouverture du premier exercice certifié par le commissaire aux comptes
NEP 520	Procédures analytiques
NEP 530	Sélection des éléments à contrôler
NEP 540	Appréciation des estimations comptables
NEP 550	Relations et transactions avec les parties liées
NEP 560	Événements postérieurs à la clôture
NEP 570	Continuité d'exploitation
NEP 580	Déclarations de la direction
NEP 600	Principes spécifiques applicables à l'audit des comptes consolidés
NEP 610	Principes spécifiques applicables à l'audit de comptes consolidés [Moi je trouve : Prise de connaissance et utilisation des travaux de l'audit interne]
NEP 620	Intervention d'un expert
NEP 630	Utilisation des travaux d'un expert-comptable dans l'entité
NEP 700	Rapport du commissaire aux comptes sur les comptes annuels et consolidés
NEP 701	Justification des appréciations dans les rapports du commissaire aux comptes sur les comptes annuels et consolidés des entités d'intérêt public
NEP 702	Justification des appréciations dans les rapports du commissaire aux comptes sur les comptes annuels et consolidés des personnes et entités qui ne sont pas des entités d'intérêt public
NEP 705	Justification des appréciations [plus applicable]
NEP 710	Informations relatives aux exercices précédents
NEP 730	Changements comptables
NEP 911	Mission du commissaire aux comptes nommés pour trois exercices prévue à l'article L. 823-12-1 du Code de commerce : *https://doc.cncc.fr/docs/nep-911-mission-du-commissaire-a*

NEP	Titre
NEP 912	Mission du commissaire aux comptes nommés pour six exercices dans des petites entreprises : *https://doc.cncc.fr/docs/nep-912-mission-du-commissaire-a*
NEP 920	Certification des comptes des organismes nationaux de Sécurité sociale
NEP 2410	Examen limité de comptes intermédiaires en application de dispositions légales ou réglementaires
Diligences directement liées*	
NEP 9010	Suite à la réforme de l'audit, la notion de diligences directement liées ayant été remplacée par celle de services autres que la certification des comptes, les NEP 9010 à 9090 sont devenues caduques le 17 juin 2016
NEP 9020	
NEP 9030	
NEP 9040	
NEP 9050	
NEP 9060	
NEP 9070	
NEP 9080	
NEP 9090	
Fin de la partie relative aux diligences directement liées	
NEP 9510	Diligences du commissaire aux comptes relatives au rapport de gestion, aux autres documents sur la situation financière et les comptes et aux informations relevant du rapport sur le gouvernement d'entreprise adressés aux membres de l'organe appelé à statuer sur les comptes
NEP 9605	Norme d'exercice professionnel relative aux obligations du commissaire aux comptes relatives à la lutte contre le blanchiment des capitaux et le financement du terrorisme

Nous vous invitons, ce concernant, à lire et à apporter le guide d'application des services autres que la certification des comptes :

https://doc.cncc.fr/docs/services-autres-que-la-certifica/attachments/guide-sacc

https://bit.ly/31zqBYz

Les notes d'informations de la CNCC et les outils liés, bien que ces derniers puissent être qualifiés de documentation secondaire

Numéro	Date parution / MAJ	Titre	Lien HTML	URL raccourcie
NI I NI I outils (version 3)	Décembre 2018 Décembre 2018	Le rapport du commissaire aux comptes sur les comptes annuels et consolidés NI I Outils	*https://doc.cncc.fr/docs/ni-i-les-rapports-du-commissaire-5c45d0eda101a/attachments/nii-rapports-sur-les-comptes-decembre-2018* *https://doc.cncc.fr/docs/ni-i-les-rapports-du-commissaire-5c45d0eda101a*	*https://bit.ly/32BY1XF* *https://bit.ly/33Uulpb*

Numéro	Date parution / MAJ	Titre	Lien HTML	URL raccourcie
NI II NI II	Février 2010 Février 2010	Le commissaire aux comptes et les évènements postérieurs à la clôture NI II Outils	*https://doc.cncc.fr/docs/le-commissaire-aux-c/attachments/ni-ii-evenements-posterieurs-fev2010* *https://doc.cncc.fr/docs/note-dinformation-ii-liste-des-o*	*http://bit.ly/2x2p8zl* *http://bit.ly/2gujACD*
NI III	Juin 2012	Le commissaire aux comptes et l'alerte	*https://doc.cncc.fr/docs/ni-iii-le-commissai/attachments/ni-iii-alerte-juin2012* *https://doc.cncc.fr/docs/note-dinformation-iii-v2-liste-d*	*http://bit.ly/2x2fuMT* *http://bit.ly/2x2zAXr*
NI IV	Juin 2010	Le commissaire aux comptes et les déclarations de la direction	*https://doc.cncc.fr/docs/ni-iv-le-commissair/attachments/ni-iv-decldirection-juin2010*	*http://bit.ly/2euZw2v*
NI V	Tome I: décembre 2011 Tome 2: décembre 2011 Tome 3 (version 2): septembre 2015 Tome 4 (version 2): avril 2016 Tome 5 (version 2): juin 2016 Tome 6 (version 2): septembre 2015	Tome I: Réduction de capital Tome 2: Libération d'une augmentation du capital par compensation avec des créances Tome 3: Augmentation du capital par émission d'actions ordinaires avec suppression du droit préférentiel de souscription Tome 4: Régime d'accès au capital en faveur des salariés Tome 5: Émission d'actions de préférence Tome 6: Émissions de valeurs mobilières	Tome 1: *https://doc.cncc.fr/docs/ni-v-t1-les-interv/attach-ments/ni-v-t1-dec2011* Tome 1 (outils): les modèles de rapports sont remplacés par le communiqué *CNCC de juillet 2017: https://doc.cncc.fr/docs/communique-de-la-cncc-exemples-d?q=communiqué%20 de%20la%20 CNCC%20de%20juillet%202017* Tome 2: *https://doc.cncc.fr/docs/ni-v-les-interventi/attach-ments/ni-v-t2-dec2011* Tome 2 (outils): *https://doc.cncc.fr/docs/note-dinformation-v-tome-2-liste* Tome 3 (version 2): *https://doc.cncc.fr/docs/ni-v-version-2-les-interventions/attachments/ni-v-tome3-v2* Tome 3 (outils): *https://doc.cncc.fr/docs/note-dinformation-v-tome-3-versi* Tome 4 (version 2): *https://doc.cncc.fr/docs/ni-v-les-interven-tions-du-commis/attachments/ni-v-tome-4* Tome 5 (version 2): *https://doc.cncc.fr/docs/ni-v-les-interven-tions-du-t5v2/attachments/ni-v-tome5-postord2014-2016-10-11* Tome 5 (outils): *https://doc.cncc.fr/docs/liste-des-outils-bu-reautiques-ni* Tome 6 (version 2): *https://doc.cncc.fr/docs/ni-v-interventions-du-commissair/attachments/ni-v-t6-v2-sept2015* Tome 6 (outils): *https://doc.cncc.fr/docs/note-dinformation-v-tome-6-v2-li*	Tome 1: *http://bit.ly/2guft9H* Tome 2: *http://bit.ly/2wxZAH7* Tome 2 (outils): *http://bit.ly/2x1YV3T* Tome 3 (version2): *http://bit.ly/2xGLu6h* Tome 3 (outils): *http://bit.ly/2wyuMGb* Tome 4 (version 2): *http://bit.ly/2evqNSG* Tome 5 (version 2): *http://bit.ly/2x2pXYX* Tome 5 (outils): *http://bit.ly/2eRlpJ2* Tome 6 (version 2): *http://bit.ly/2gAp8Pl* Tome 6 (outils): *http://bit.ly/2vW9W1j*

Numéro	Date parution / MAJ	Titre	Lien HTML	URL raccourcie
NI VI NI VI (outils) (version 2)	Juillet 2018	Les commissaires aux comptes et la transformation des sociétés NI VI outils	*https://doc.cncc.fr/docs/ni-vi-les-commissaires-aux-compt/ attachments/ ni-transformation-version-3-2018-07-20clean* *https://doc.cncc.fr/docs/liste-des-outils-bureautiques-no5b51e41bcb202*	*https://bit.ly/2S9qMZT* *https://bit.ly/2Ukzfql*
NI VII NI VII (outils)	Janvier 2011	Le commissaire aux comptes et les demandes de confirmation des tiers		
NI VII NI VII (outils)	Janvier 2011 Juin 2011	Le commissaire aux comptes et les demandes de confirmation des tiers NI VII outils	*https://doc.cncc.fr/docs/ni-vii-le-commissai/attachments/ni-viiconfirmation-des-tiers* *https://doc.cncc.fr/docs/note-dinformation-vii-liste-des*	*http://bit.y/2wy4HXQ* *http://bit.ly/2gCt4Q0*
NI VIII	Décembre 2010	Le commissaire aux comptes et les procédures analytiques	*https://doc.cncc.fr/docs/ni-vii-le-commissai/attachments/ni-viiconfirmation-des-tiers* *https://doc.cncc.fr/docs/note-dinformation-vii-liste-des*	*http://bit.ly/2wy4HXQ* *http://bit.ly/2gCt4Q0*
NI IX NI IX (outils)	(version 3) Février 2018	Le rapport spécial du commissaire aux comptes sur les conventions et engagements réglementés NI IX outils	*https://doc.cncc.fr/docs/ni-ix-version-3-le-rapport-speci/attachments/conventions-reglementees-version-02-03-18* *https://doc.cncc.fr/docs/ni-ix-version-3-le-rapport-speci*	*https://bit.ly/2COy0J5* *https://bit.ly/2G2acod*
NI X	Juillet 2011	Le commissaire aux comptes et le premier exercice d'un nouveau mandat	*https://doc.cncc.fr/docs/ni-x-le-commissair/ attachments/ni-xchangements-comptables-juin2011-vjtech*	*http://bit.ly/2xHckLw*
NI XI NI XI (outils)	Décembre 2016	Le commissaire aux comptes et l'audit des comptes consolidés NI XI outils	*https://doc.cncc.fr/docs/le-rapport-special-du-commissair/attachments/ni-ix-conventions-reglementees-v20* *https://doc.cncc.fr/docs/le-rapport-special-du-commissair*	*http://bit.ly/2eR7Gmn* *http://bit.ly/2Aqelll*

Numéro	Date parution / MAJ	Titre	Lien HTML	URL raccourcie
NI XII (version 2)	Décembre 2012	Le commissaire aux comptes et les opérations relatives aux dividendes	*https://doc.cncc.fr/docs/ni-xii-le-commissai/attachments/ni-xiidividendes-oct2012* NI XII outils : *https://doc.cncc.fr/docs/note-dinformation-xii-liste-des*	*http://bit.ly/2eRxVsX* *http://bit.ly/2wvfwLJ*
NI XIII	Juillet 2012	Le commissaire aux comptes et le premier exercice d'un nouveau mandat	*https://doc.cncc.fr/docs/ni-xiii-le-commissa/attachments/ni-xiiipremiereintervention-juin2012* NI XIII outils : *https://doc.cncc.fr/docs/note-dinformation-xiii-liste-des*	*http://bit.ly/2eRHwjs* *http://bit.ly/2wyieym*
NI XIV	Décembre 2012	Le commissaire aux comptes et la prévention ou le traitement des difficultés des entreprises	*https://doc.cncc.fr/docs/ni-xiv-le-commissai/attachments/ni-xiv-prevention-nov2012* NI XIV (outils) : *https://doc.cncc.fr/docs/note-dinformation-xiv-liste-des*	*http://bit.ly/2ev1uA5* *http://bit.ly/2iTWrxV*
NI XV	Décembre 2016	Le commissaire aux comptes et l'approche d'audit par les risques	*https://doc.cncc.fr/docs/ni-approche-par-les-risques/attachments/ni-le-commissaire-aux-comptes-et-lapproche-daudit-par-les-risques*	*http://bit.ly/2ezvD4T*
NI XVI	Décembre 2012	Le commissaire aux comptes et les attestations	*https://doc.cncc.fr/docs/ni-xvi-le-commissai/attachments/ni-xvi-attestations-dec2012* NI XVI (outils) : *https://doc.cncc.fr/docs/note-dinformation-xvi-liste-des*	*http://bit.ly/2wy4808* *http://bit.ly/2evggqh*
NI XVII	Juillet 2015	Les interventions du commissaire aux comptes relatives au prospectus	*https://doc.cncc.fr/docs/ni-xvii-les-interventions-du-com/attachments/ni-xvii-prospectus2* NI XVII (outils) : *https://doc.cncc.fr/docs/note-dinformation-xvii-liste-des*	*http://bit.ly/2eRytit* *http://bit.ly/2ev83CQ*

Numéro	Date parution / MAJ	Titre	Lien HTML	URL raccourcie
NI XVIII NI XVIII (outils)	Décembre 2018 Décembre 2018	Vérifications spécifiques : Le commissaire aux comptes et les diligences relatives au rapport de gestion, aux autres documents sur la situation financière et les comptes et aux informations relevant du rapport sur le gouvernement d'entreprise adressé aux membres de l'organe appelé à statuer sur les comptes	*https://doc.cncc.fr/docs/ni-xviii-verifications-specifiqu-5c51660ea1e84/attachments/ni-xviii-verifications-specifiques-dec-2018* *https://doc.cncc.fr/docs/ni-xviii-verifications-specifiqu-5c51660ea1e84*	*https://bit.ly/2N8VNIT* *https://bit.ly/36aSHNo*
NI XIX NI XIX (Outils)	Septembre 2018	Le commissaire aux comptes et l'audit d'une entité ayant recours aux services d'un centre de services partagés au sein d'un groupe	*https://doc.cncc.fr/docs/ni-xix-le-commissaire-aux-compte/ attachments/nixix-le-cac-et-laudit-dune-entite-ayant-recours-aux-services-dun-csp-au-sein-dun-groupe-sept-2018* *https://doc.cncc.fr/docs/liste-des-outils-bureautiques-no5b50a4fe4577e*	*https://bit.ly/2B3fI* *https://bit.ly/2HzqEyZ*

Mémento Audit et commissariat aux comptes, 2020-2021, éditions Francis Lefebvre

- ***Communiqué sur la loi n° 2019-486 du 22 mai 2019 relative à la croissance et à la transformation des entreprises***

  https://doc.cncc.fr/docs/communique-sur-la-loi-n-2019-486/attachments/communique-loi-pacte-cac-vdef-24-mai-2019

  https://bit.ly/31EMVQm

- ***Questions/Réponses relatives à l'application de la loi PACTE (octobre 2019)***

  https://doc.cncc.fr/docs/questions-reponses-relatives-a-l-5d8b20d36cd5a/attachments/questions-pacte-v2-maj-octobre-2019

  https://bit.ly/351IHoL

B Documentation secondaire

- ***Référentiel de 2003 pour les normes non remplacées par une NEP, disponible dans les anciens CD trimestriels de la CNCC, partie Archives, Le guide du commissaire du compte***

https://doc.cncc.fr/docs/tableau-de-synthese/attachments/annexe-doctrinecncc

http://bit.ly/1RCETe5

Pour mémoire, vous trouverez ci-dessous un tableau récapitulatif de ces normes. Celles qui sont grisées ont, depuis, été remplacées par des NEP :

Norme du référentiel 2003	Thématique	NEP ou document ayant une valeur doctrinale la remplaçant (le cas échéant)
Norme 1-100	Liées à la déontologie des commissaires aux comptes	
Norme 1-200	Liées aux caractéristiques des missions	
Norme 1-201	Exercice du commissariat aux comptes par deux ou plusieurs commissaires aux comptes	NEP 100
Norme 2-101	Objectifs et principes généraux d'une mission d'audit des comptes	NEP 200
Norme 2-102	Termes et conditions de la mission	NEP 210
Norme 2-103	Contrôle de qualité	
Norme 2-104	Documentation des travaux	NEP 230
Norme 2-105	Prise en considération de la possibilité de fraudes et d'erreurs lors de l'audit des comptes	NEP 240
Norme 2-106	Prise en compte des textes légaux et réglementaires	NEP 250
Norme 2-107	Communication sur la mission avec les personnes constituant le gouvernement d'entreprise	NEP 260
Norme 2-201	Planification de la mission	NEP 300
Norme 2-202	Connaissance générale de l'entité et de son secteur d'activité	NEP 315 et 330
Norme 2-203	Caractère significatif en matière d'audit	NEP 320
Norme 2-301	Évaluation du risque et contrôle interne	NEP 315 et 330
Norme 2-302	Audit réalisé dans un environnement informatique	NEP 315 et 330
Norme 2-303	Facteurs à considérer lorsque l'entité fait appel à un service bureau	
Norme 2-401	Éléments probants	NEP 500
Norme 2-402	Éléments probants – Applications spécifiques	NEP 501

Norme du référentiel 2003	Thématique	NEP ou document ayant une valeur doctrinale la remplaçant (le cas échéant)
Norme 2-405	Contrôle du bilan d'ouverture de l'exercice d'entrée en fonction du commissaire aux comptes	NEP 510
Norme 2-410	Procédures analytiques	NEP 520
Norme 2-415	Méthodes de sondages	NEP 530
Norme 2-420	Appréciation des estimations comptables	NEP 540
Norme 2-425	Parties liées	NEP 550
Norme 2-430	Événements postérieurs	NEP 560
Norme 2-435	Continuité de l'exploitation	NEP 570
Norme 2-440	Déclarations de la direction	NEP 580
Norme 2-501	Utilisation des travaux d'un autre professionnel chargé du contrôle des comptes d'une entité détenue	NEP 600
Norme 2-502	Prise en compte des travaux de l'audit interne	NEP 610
Norme 2-503	Utilisation des travaux d'un expert	NEP 620
Norme 2-504	Utilisation des travaux de l'expert-comptable	NEP 630
Norme 2-601	Rapport général sur les comptes annuels	NEP 700
Norme 2-602	Rapport sur les comptes consolidés	NEP 700
Norme 2-603	Chiffres comparatifs	NEP 710
Norme 2-604	Suivi des réserves ou du refus de certifier de l'exercice précédent	
Norme 2-605	Changements comptables	NEP 730
Norme 2-606	Rapport d'audit sur des comptes intermédiaires	NEP 9010
Norme 2-607	Rapports particuliers d'audit	NEP 9010
Norme 3-101	Examen limité de comptes	NEP 2410
Norme 4-101	Examen de comptes prévisionnels	
Norme 4-102	Examen de comptes pro forma	
Norme 4-103	Intervention *WebTrust*	
Norme 4-104	Attestations particulières	NEP 9030
Norme 4-105	Lettre de confort	
Norme 5-100	Aspects généraux	
Norme 5-101	Documents et rapports prévus dans le cadre de la prévention des difficultés des entreprises	NI III – Le commissaire aux comptes et l'alerte et NI XVI – Le commissaire aux comptes et la prévention ou le traitement des difficultés des entreprises

Norme du référentiel 2003	Thématique	NEP ou document ayant une valeur doctrinale la remplaçant (le cas échéant)
Norme 5-102	Tableau d'activité et de résultats et rapport semestriel	
Norme 5-103	Conventions réglementées	NI IX – Le rapport spécial du commissaire aux comptes sur les conventions et engagements réglementés
Norme 5-104	Actions détenues par les administrateurs ou membres du conseil de surveillance	
Norme 5-105	Égalité entre les actionnaires	
Norme 5-106	Rapport de gestion	NEP 9510
Norme 5-107	Documents adressés aux actionnaires à l'occasion de l'assemblée générale appelée à statuer sur les comptes	NEP 9510
Norme 5-108	Montant global des rémunérations versées aux personnes les mieux rémunérées	NI XVI – Le commissaire aux comptes et les attestations
Norme 5-109	Prise de participation et de contrôle et identité des personnes détenant le capital	
Norme 5-110	Montant global des sommes ouvrant droit aux déductions fiscales visées à l'article 238 *bis* du CGI	
Norme 5-111	Informations périodiques publiées par les OPCVM	
Norme 5-112	Communication des irrégularités et des inexactitudes à l'assemblée générale	
Norme 6-101	Libération d'actions par compensation de créances	NI V Tome 2 : Libération d'une augmentation du capital par compensation avec des créances
Norme 6-102	Suppression du droit préférentiel de souscription	NI V Tome 3 : Augmentation du capital par émission d'actions ordinaires avec suppression du droit préférentiel de souscription
Norme 6-103	Émission d'obligations convertibles ou échangeables contre des actions	
Norme 6-104	Émission d'obligations avec bons de souscription d'actions	
Norme 6-106	Ouverture d'options de souscription ou d'achat d'actions au bénéfice des membres du personnel	NI V Tome 4 : Régime d'accès au capital en faveur des salariés
Norme 6-107	Réduction de capital	NI V Tome I : Réduction de capital
Norme 6-108	Offre publique d'échange	
Norme 6-202	Rémunération de titres participatifs	
Norme 6-203	Émission d'autres valeurs mobilières	NI V Tome 6 : Émission de valeurs mobilières
Norme 6-301	Conversion ou rachat des parts bénéficiaires émises depuis plus de 20 ans	

Norme du référentiel 2003	Thématique	NEP ou document ayant une valeur doctrinale la remplaçant (le cas échéant)
Norme 6-302	Regroupement volontaire des actions non admises aux négociations sur un marché réglementé	
Norme 6-807	Information des autorités de contrôle de certaines entités	
Norme 7-101	Commissariat aux apports	Avis technique « La mission de commissariat aux apports » Guide professionnel commissariat aux apports et à la fusion
Norme 7-102	Commissariat à la fusion	Avis technique « La mission de commissariat à la fusion » Guide professionnel commissariat aux apports et à la fusion
Norme 7-103	Certification des comptes des formations politiques	Avis technique relatif à la mission des commissaires aux comptes dans les partis et groupements politiques entrant dans le champ d'application de la loi n° 88-227 du 11 mars 1988 modifiée
Norme 7-104	Acquisition d'un bien appartenant à un actionnaire	
Norme 7-105	Retrait obligatoire	
Norme 7-106.1	Carpa : dépôts et maniements de fonds	
Norme 7-106.2	Carpa : aide juridique	Avis technique Carpa : aide juridique
Norme 7-107	Intervention d'un commissaire aux comptes dans le cadre de l'agrément des traitements automatisés pour la tenue des comptabilités des notaires	
Norme 7-108	Mandataires de justice Avis technique – La mission du commissaire aux comptes, nommé en application de l'article L. 811-11-1 du Code de commerce, auprès des administrateurs judiciaires et des mandataires judiciaires	Avis Technique – La mission du commissaire aux comptes auprès des mandataires de justice *https://doc.cncc.fr/docs/avis-technique-ajmj* *https://bit.ly/2GXqvnF*
Norme 7-109	Mission du contrôleur spécifique dans les sociétés de crédit foncier	
Norme 7-110	Émission d'obligations réalisée dans les conditions prévues par l'article L. 228-39 du Code de commerce	
Norme 7-111	Augmentation de capital réalisée dans les conditions prévues par l'article L. 225-131 du Code de commerce	

- ***Avis technique Le commissaire aux comptes et le respect des textes légaux et réglementaires***
  https://doc.cncc.fr/docs/avis-technique-le-commissaire-au/attachments/avistech-texteslegaux-20nov2015
  http://bit.ly/2iTyua7

- ***Foire aux questions (FAQ) sur l'application des nouvelles dispositions encadrant le contrôle légal des comptes – mise à jour au 18 juillet 2019 – H3C***
  http://www.h3c.org/textes/MAJ_FAQ_H3C_version_18-07-19.pdf
  https://bit.ly/35WuNFe

- ***Tableaux relatifs au secret professionnel du commissaire aux comptes (janvier 2016)***
  https://doc.cncc.fr/docs/secret-professionnel?q=SECRET%20PROFESSIONNEL
  https://bit.ly/31AnWh9
  + Revue fiduciaire comptable mai 2015 (pages 16 à 20)

C Documentation facultative

- ***Guide professionnel : Commissariat aux apports et commissariat à la fusion (juin 2012)***
  https://doc.cncc.fr/docs/commissariat-aux-app/attachments/apports-fusion
  http://bit.ly/2iTrUk2

- ***Note relative aux nouvelles obligations des organisations syndicales et professionnelles et à la mission légale des commissaires aux comptes (mise à jour janvier 2019)***
  https://doc.cncc.fr/docs/note-relative-aux-nouvelles-obli-5c52c30327acc/attachments/note-osp-janvier-2019
  https://bit.ly/32NtS7O

- ***Les avis du H3C***

Avis	Titre	Lien	Lien raccourci
2018-04	Périmètre des SACC que doit approuver le comité d'audit d'une EIP	*http://www.h3c.org/textes/Avis%202018-04.pdf*	*https://bit.ly/2MNcGs5*
2018-02	Possibilité d'exercer concomitamment au sein d'une même coopérative les missions de commissaire aux comptes et de réviseur coopératif	*http://www.h3c.org/textes/Avis_2018-02.pdf*	*https://bit.ly/2t2z8nX*

Avis	Titre	Lien	Lien raccourci
2017-05	Avis du Haut conseil du commissariat aux comptes relatif à l'application des dispositions de l'article R. 823-21-3 du Code de commerce concernant la communication de ses rapports de contrôle à la demande du comité spécialisé mentionné à l'article L. 823-19 du même code ou de l'organe exerçant les fonctions de ce comité	*http://www.h3c.org/textes/Avis%202017-05.pdf*	*https://bit.ly/2t3EwYc*
2017-04	L'approbation des services autres que la certification des comptes par le comité d'audit d'une entité d'intérêt public	*http://www.h3c.org/textes/Avis%202017-04%20du%2026%20juillet%202017.pdf*	*http://bit.ly/2wyyqjg*
2017-03	L'application des dispositions concernant la rotation du commissaire aux comptes désigné en qualité de signataire du rapport sur les comptes	*http://www.h3c.org/textes/Avis_2017-03.pdf*	*http://bit.ly/2wySO3Y*
2017-02	L'approbation des services autres que la certification des comptes par le comité d'audit d'une entité d'intérêt public	*http://www.h3c.org/textes/Avis_2017-02.pdf*	*http://bit.ly/2x2jFZa*
2016-03	La désignation et l'implication du ou des commissaire(s) aux comptes signataire(s) du rapport destiné à l'organe appelé à statuer sur les comptes	*http://www.h3c.org/textes/Avis%202016-03.pdf*	*http://bit.ly/2ezX2nb*
2014-03	Contrôle légal des comptes des coopératives agricoles confié aux fédérations agréées pour la révision agricole	*http://www.h3c.org/fiches/avis-2014-03.htm*	*http://bit.ly/1U2LLTU*
2013-03	Recours à un commissaire aux comptes externe à la structure d'exercice professionnelle pour la mise en œuvre du dispositif de contrôle de qualité interne de cette structure	*http://www.h3c.org/textes/Avis_2013-03.pdf*	*http://bit.ly/1U2MbJW*

Avis	Titre	Lien	Lien raccourci
2012-07	Lien familial entre le commissaire aux comptes et l'expert-comptable de plusieurs entités (8 juin 2012)	*http://www.h3c.org/fiches/avis-2012-07.htm*	*http://bit.ly/24cZRHV*
2012-06	Possibilité pour un commissaire à la transformation d'être nommé commissaire aux comptes de l'entité (9 mai 2012)	*http://www.h3c.org/fiches/avis-2012-06.htm*	*http://bit.ly/1TGtxld*
2012-05	Appartenance à un réseau (4 mai 2012)	*h3c.org/fiches/avis-2012-05.htm*	*http://bit.ly/1TLx2zo*
2012-03	Compatibilité du statut de commissaire aux comptes avec celui de « certificateur » au sens de la loi n° 2010-476 du 12 mai 2010 (22 mars 2012)	*http://www.h3c.org/fiches/avis-2012-03.htm*	*http://bit.ly/1U2LUa0*
2012-01	Répartition des travaux entre co-commissaires aux comptes (9 février 2012)	*http://www.h3c.org/fiches/avis-2012-01.htm*	*http://bit.ly/1XXcDug*
2011-22	Démission du commissaire aux comptes d'une entité (15 décembre 2011)	*http://www.h3c.org/fiches/avis-2011-22.htm*	*http://bit.ly/1TOB1fY*
2011-21	Exercice de la mission de commissariat aux comptes dans les partis et groupements politiques	*http://www.h3c.org/fiches/avis05122011.htm*	*http://bit.ly/1VmU7uG*
2011-18	Possibilité pour un commissaire aux comptes de délivrer une attestation dans le cadre d'un litige (9 juin 2011)	*http://www.h3c.org/fiches/avis09062011.htm*	*http://bit.ly/22rOPiw*
2011-07	Possibilité pour une entité de mettre fin de manière anticipée au mandat de son commissaire aux comptes (7 avril 2011)	*http://www.h3c.org/fiches/fiche070411.htm*	*http://bit.ly/1Ubzso7*
2011-06	Recours à un réviseur indépendant n'appartenant pas à la structure d'exercice professionnel détentrice du mandat (7 avril 2011)	*http://www.h3c.org/fiches/avis070411.htm*	*http://bit.ly/1Rzsess*
2011-05	Article 106 de la loi Sarbanes-Oxley (7 mars 2011)	*http://www.h3c.org/fiches/fiche070311.htm*	*http://bit.ly/1TLxwph*

Avis	Titre	Lien	Lien raccourci
2011-04	Démission d'un mandat de commissaire aux comptes en cas de survenance d'un événement particulier (17 février 2011)	*http://www.h3c.org/fiches/fiche170211.htm*	*http://bit.ly/1OTkuSe*
4 novembre 2010	Répartition des diligences du commissaire aux comptes (4 novembre 2010)	*http://www.h3c.org/fiches/avis241010.htm*	*http://bit.ly/1shtpZ6*

III Documentation commune EC et CAC

A Documentation commune incontournable

Chez les éditions Francis Lefebvre :

- *Mémento Comptable*, 2020
- *Mémento Sociétés commerciales*, 2020
- *Mémento Fiscal*, 2020
- *Mémento Associations*, Fondations-Congrégations-Fonds de dotation, 2019

B Documentation commune secondaire

- *Mémento Social*, 2019, éditions Francis Lefebvre
- *Mémento Comptes consolidés*, 2019, de Price Waterhouse Coopers, éditions Francis Lefebvre
- *Mémento Fusions et acquisitions*, 2019, de Price Waterhouse Coopers, éditions Francis Lefebvre
- *Carré DEC 1 – Réglementation professionnelle et déontologie*, 8e éd., 2020, Gualino (Gérard Lejeune et Jean-Pierre Emmerich)

C Documentation facultative (que nous ne vous recommandons pas nécessairement d'emmener mais qui peut vous être utile)

- ***Version consolidée du règlement CRC n° 99-02 au 1er janvier 2017 :***

  http://www.anc.gouv.fr/files/live/sites/anc/files/contributed/ANC/1.%20Normes%20françaises/Reglements/2017/versions%20consolidees/Reglt_CRC_%2099_02_version_consolidee.pdf

  https://bit.ly/2VZagLs

Fiche 18

SYNTHÈSE DE LA DOCUMENTATION JUGÉE INCONTOURNABLE

- ***Le Code de déontologie***

  https://www.legifrance.gouv.fr/affichTexte.do?cidTexte=JORFTEXT000025596222

  http://bit.ly/1Z61RAa

- ***L'ordonnance du 19 septembre 1945***

  https://www.legifrance.gouv.fr/affichTexte.do?cidTexte=JORFTEXT000000698851 http://bit.ly/1sFMRhP

- ***Ces textes peuvent également être trouvés dans l'ouvrage Réglementation de l'expertise comptable (mis à jour en mai 2019)***

  http://www.bibliordre.fr/67congres/medias/publications/files/all/1559039799Reglementation_052019.pdf

  https://bit.ly/2VYZ41B

  Cet ouvrage doit être complété par le Décret n° 2019-1193 du 19 novembre 2019 modifiant le décret n° 2012-432 du 30 mars 2012 relatif à l'exercice de l'activité d'expertise comptable

  https://www.legifrance.gouv.fr/affichTexte.do?cidTexte=JORFTEXT000039397838

  https://bit.ly/2s2PVdm

- ***Le référentiel normatif de l'Ordre des experts-comptables 2019 (mis à jour en octobre 2019)***

  http://www.bibliordre.fr/67congres/medias/publications/files/all/1568363601Referentiel_normatif_2019.pdf

  https://bit.ly/2N3ggi6

- ***Code de déontologie (à jour du décret n° 2017-540 du 12 avril 2017)***

  https://www.legifrance.gouv.fr/affichCode.do?cidTexte=LEGITEXT000006072634&dateTexte=20040807

  https://bit.ly/2QaF1fz

- ***Avis technique sur la mission de commissariat aux apports (janvier 2011)***

  https://doc.cncc.fr/docs/avis-technique-la/attachments/avis-technique-commissariat-aux-apports

  http://bit.ly/1PjEIKx

- ***Avis technique sur la mission de commissariat à la fusion (décembre 2010)***

  https://doc.cncc.fr/docs/avis-technique-la7312/attachments/avis-technique-commissariat-a-la-fusion

  http://bit.ly/1spTZiI

- ***Avis technique – la mission du commissaire à la fusion, à la scission ou aux apports dans les associations et les fondations (mai 2016)***

  https://doc.cncc.fr/docs/avis-technique-la-mission-du-com/attachments/at-fusions-associations-fondations-mai-2016

  http://bit.ly/1UueKTu

- ***Avis technique : CARPA aide juridique***

  https://doc.cncc.fr/docs/avis-technique-carpa-aide-juridi/attachments/at-carpa-aj-nov-2018

  https://bit.ly/31C7 htM

- ***Avis technique – intervention du commissaire aux comptes relative aux opérations d'apport en nature dans les organismes de placement collectif immobilier***

  https://doc.cncc.fr/docs/at-apport-en-nature-opci/attachments/at-apports-en-nature-opci

  https://bit.ly/2o63tmJ

- ***Avis technique – intervention du commissaire aux comptes relative aux opérations d'apport en nature dans les organismes de placement collectif immobilier***

  https://doc.cncc.fr/docs/at-apport-en-nature-opci/attachments/at-apports-en-nature-opci

  https://bit.ly/2o63tmJ

- ***Avis technique – intervention du commissaire aux comptes relative aux opérations de liquidation dans les OPCI***

  https://doc.cncc.fr/docs/at-liquidation-opci/attachments/at-liquidation-opci

  https://bit.ly/2N16Jbp

- ***Avis technique – intervention du commissaire aux comptes relative aux opérations de fusion dans les OPCI***

  https://doc.cncc.fr/docs/at-fusion-opci/attachments/at-fusion-opci

  https://bit.ly/2MZBM7 H

- ***Avis technique – Prestations relatives aux informations sociales et environnementales entrant dans le cadre des SACC***

  https://doc.cncc.fr/docs/avis-technique-prestations-relat

  http://bit.ly/2xGMirT

- ***Avis technique : la mission du commissaire aux comptes dans les partis et groupements politiques entrant dans le champ d'application de la loi n° 88-227 du 11 mars 1988 modifiée (mise à jour avril 2019)***

  https://doc.cncc.fr/docs/mise-a-jour-de-lavis-technique-m/attachments/at-mission-dans-les-partis-et-groupements-politiques

  https://bit.ly/2MzMz9o

- ***Avis technique sur les délais de paiement***

  https://doc.cncc.fr/docs/avis-technique-delais-de-paiemen/attachments/at-delais-paiement-2017-07

  http://bit.ly/2ezleFa

- ***Avis techniques : attestation relative aux prêts interentreprises (articles L. 511-6 et R. 511-2-1-3 du Code monétaire et financier)***

  https://doc.cncc.fr/docs/avis-technique-pretinterentrprises/attachments/at-pret-interenterprises

  https://bit.ly/2N0Fuhp

- ***Pratique professionnelle relative à la révélation des faits délictueux au procureur de la République***

  https://doc.cncc.fr/docs/pratique-professionn-4/attachments/pratique-professionnelle-revelation

  https://bit.ly/2eztyWL

- ***Communiqué de la CNCC relatif aux services autres que la certification des comptes***

  https://doc.cncc.fr/docs/communique-cncc-reference-aux-no

  http://bit.ly/2cMOAj3

- ***Communiqué sur la loi n° 2019-486 du 22 mai 2019 relative à la croissance et à la transformation des entreprises***

  https://doc.cncc.fr/docs/communique-sur-la-loi-n-2019-486/attachments/communique-loi-pacte-cac-vdef-24-mai-2019

  https://bit.ly/31EMVQm

- ***Norme d'exercice professionnelle***

  https://doc.cncc.fr/docs/normes-d-exercice-pr6421?q=NORME%20D%20EXERCICE%20PROFESSIONNEL

  https://bit.ly/2EC8qYH

- ***Notes d'informations de la CNCC***

  https://doc.cncc.fr/notes-information

  http://bit.ly/292j6QE

  - *Mémento Audit et commissariat aux comptes*, 2020-2021, éditions Francis Lefebvre
  - *Mémento Comptable*, 2020, éditions Francis Lefebvre
  - *Mémento Sociétés commerciales*, 2020, éditions Francis Lefebvre
  - *Mémento Fiscal*, 2020, éditions Francis Lefebvre
  - *Mémento Associations*, 2019

Fiche 19

CHECK-LIST DES ÉLÉMENTS À APPORTER LE JOUR J

	Cocher si présent
Convocation	
Carte d'identité et/ou passeport	
Documentation étiquetée	
Valise taille cabine mais dans laquelle la documentation rentre (testé)	
Sac supplémentaire si besoin (attention à la taille !)	
Billets de train/avion/métro	
Plan du métro (pour les non-parisiens) ou application équivalente	
Calculatrice autonome et étiquetée (une deuxième calculatrice à conserver dans le sac en cas de défaillance de la première)	
Fournitures de bureau en double exemplaire	
Montre ou réveil	
Eau	
Collation (qui ne tache pas, ne fait pas de bruit, etc.)	
Médicaments éventuels (contre les maux de tête notamment)	
[À compléter par vous]	

Composition : Soft Office

numérique
Impression & brochage - France
Numéro d'impression : N21275200101 - Achevé d'imprimer : Janvier 2020
Dépôt légal : Janvier 2020
IMPRIM'VERT®